西班牙网球成功的秘诀

[美] 克里斯·卢伊特 著
胡亚斌 董保健 译

北京体育大学出版社

策划编辑：李志诚　潘　帅
责任编辑：李志诚　仝杨杨
责任校对：原子茜
版式设计：李沙沙　高文涵

图书在版编目（CIP）数据

西班牙网球成功的秘诀 /（美）克里斯・卢伊特著；胡亚斌，董保健译 . -- 北京：北京体育大学出版社，2022.6（2025.6 重印）
书名原文：THE SECRETS OF SPANISH TENNIS
ISBN 978-7-5644-3337-6

Ⅰ . ①西… Ⅱ . ①克… ②胡… ③董… Ⅲ . ①网球运动—研究—西班牙 Ⅳ . ① G845.2

中国版本图书馆CIP数据核字（2021）第230721号

北京市版权局著作权合同登记号：01-2022-0692

西班牙网球成功的秘诀
XIBANYA WANGQIU CHENGGONG DE MIJUE ［美］克里斯・卢伊特　著；胡亚斌，董保健　译

出版发行：北京体育大学出版社
址　　址：北京市海淀区农大南路 1 号院 2 号楼 2 层办公 B-212
邮　　编：100084
网　　址：http://cbs.bsu.edu.cn
发 行 部：010-62989320
邮 购 部：北京体育大学出版社读者服务部 010-62989432
印　　刷：北京昌联印刷有限公司
开　　本：880mm × 1230mm　　1/32
成品尺寸：148mm × 210mm
印　　张：5.75
字　　数：89 千字
版　　次：2022 年 6 月第 1 版
印　　次：2025 年 6 月第 4 次印刷
定　　价：48.00 元

译者序

任何一项运动如果在一个国家保持长盛不衰，必有其规律可找、秘诀可寻。西班牙作为国土面积较小的国家，用不到 40 年的时间走向世界职业网球舞台的中央，培养出纳达尔等一批大满贯冠军球员，离不开一批钻研业务、团结奉献的教练员，离不开一批向往冠军、具有斗牛士精神的运动员。正是他们，打造出了独特的符合职业网球规律和潮流的网球训练体系，创造出了特有的相互帮扶、团结向上的网球文化。

伟大运动来自伟大实践。要深刻把握一项运动的内在规律，实现感性认识向理性认识的飞跃，必定要历经实践—理论—实践的过程。按照这个逻辑，本书作者克里斯·卢伊特深入西班牙，花了 7 年时间，通过实地采访和研究，对西班牙网球训练体系进行了较为全面的总结。在书中作者总结出的“秘诀”，看似新意不足，老生常谈，但如果领悟其实质精髓，并在训练中高质量贯彻实施，长期坚持下来，必定会在比赛中实现“质”的突破。

在翻译过程中，有几点让我们感受深刻。一是热爱。无论是作者本人，还是西班牙网球教练员、运动员和其他参与者，无不流露出发自内心的对网球运动的热爱。二是探索。西班牙网球教练员时刻保持一颗勇于探索的心，对网球规律的认识另辟蹊径，提炼出决定比赛成败的核心要素。同时，随着网球运动的发展和对网球运动认知的提升又加入新的内容。三是极致。在西班牙网球训练体系中，没有花里胡哨的训练内容，大部分是手抛球，看似简单而又枯燥，但每项训练内容中隐藏很多细节，强调大强度、高质量，要求运动员将个人各方面能力发挥到极致。四是精神。教练员要求运动员在训练比赛中保持专注度并全力以赴，不仅培养运动员具备艰苦训练的牺牲精神、比赛时的战斗精神，还要求运动员为人谦虚正直。令人感动的是，在西班牙网球文化中展现出冠军和明星球员甘当青少年陪练、优秀教练员对年轻教练员的传帮带、网球学院间的相互合作等精神。

本书是对近几十年来西班牙网球成功经验的总结。无论是网球教练员、运动员和家长，还是管理者或对网球运动感兴趣的读者，都能从书中找到灵感，并从中受益!

胡亚斌　董保健

序　言

多年前，我曾见过克里斯，他保持着专心探究西班牙网球训练体系真正优势的好奇心，给我留下了深刻的印象。近些年西班牙网球运动员所取得的成绩也证明了西班牙网球训练体系的成功。

克里斯做了大量工作来考察西班牙网球训练体系，这些工作充分展示了他分析问题的能力。他走访和调研了许多西班牙顶级网球教练员和网球学院，这表明他对此有较大的兴趣。

克里斯对西班牙网球训练体系情有独钟，他坚信该训练体系具有独特优势。西班牙网球训练体系的优势其实也显而易见，在一个国土面积较小的国家且没有太多网球从业者的情况下，西班牙网球能够取得令人瞩目的成功，其背后必然有某种因素在支撑。

克里斯在教育和训练方面具备独特的个性特征，即永不满足的好奇心，万事都想问为什么。他有一种使命感，并且有能力总结西班牙网球训练体系，帮助其他学员和读者理解西班牙网球训练方法。他想为所有教练员、运动员和家长提供一本实用的训练指南，使他们的训练更容易，也使西班牙网球训练体系更易于理解和实践。

我强烈建议所有对西班牙网球训练体系感兴趣的教练员、运动员和家长阅读此书——《西班牙网球成功的秘诀》。

路易斯·布鲁格拉（Lluis Bruguera）

自　序

我非常荣幸地向中国读者介绍《西班牙网球成功的秘诀》，本书总结了西班牙网球训练方式。本书在美国非常畅销，让无数网球教练员、运动员和家长更好地了解了西班牙网球训练方式。本书将帮助读者了解西班牙网球训练的理念与体系，这是西班牙成为世界网球大国的保障。通过本书，读者还可以了解到一些著名的西班牙网球学院和网球传奇教练员。

网球在中国迅速发展，现在被认为是最受欢迎的运动项目之一。许多网球教练员、运动员、家庭和地方政府寻求西班牙网球教练员和网球学院的帮助，以加速中国网球运动及运动员的发展。

一个典型例子就是在南京成立的中国网球学院，它与世界上最著名的西班牙网球学院之一桑切斯－卡萨尔网球学院（Sanchez-Casal Academy）合作。本书也包含了许多桑切斯－卡萨尔网球学院的训练方式和理念。中国网球学院拥有令人印象深刻的40片大满贯标准球场，也包括红土场地。这一硬件证明了网球运动在中国的发展，也证明了中国正在认真准备打造网球冠军的工作。

从商业和网球运动员发展的角度来看，许多西班牙网球教练员和网球学院都将中国视为下一个重大机遇。另一所著名的西班牙网球学院布鲁格拉网球学院（本书中也有介绍），在中国香港开设了一个同名的学院。此外，西班牙前世界第一网球运动员胡安·卡洛斯·费雷罗也一直在寻找机会，期待未来在中国推广他的网球学院。毫无疑问，未来几年西班牙和中国肯定会有更多的合作。

西班牙和中国以及整个亚洲之间因网球建立了密切的联系，西班牙网球训练体系所重视的现代技术训练参数，如强调上旋和得分能力、防守能力、耐心和稳定性、移动和步法，以及对艰苦体力付出和刻苦练习的痴迷，这些都引起了中国网球运动员和教练员的良好共鸣。

此外，西班牙以培养男子网球冠军而闻名，而这恰恰是中国一直欠缺的。尽管李娜和郑洁在WTA巡回赛中表现出了强大的实力，但中国在 ATP 巡回赛中却一直缺少实力强大的男子运动员。西班牙网球训练体系，已证明在培养优秀男子运动员方面非常成功，西班牙和中国在网球方面的伙伴关系可能会在未来几十年开创一个中国 ATP 巡回赛主导的时代。

我写作《西班牙网球成功的秘诀》，期望与世界各地的读者分享西班牙网球训练体系。我特别开心本书能翻译成中文版本，使更多的中国读者了解西班牙网球训练和运动员发展的方式。如果您有任何问题，请随时通过电子邮件或社交网站与我联系。我很喜欢和读者交流和讨论西班牙网球训练体系。

加油！

克里斯 · 卢伊特（Chris Lewit）

2021 年 2 月

目　录

Contents

引　言 …………………………………………………… (1)

秘　诀 …………………………………………………… (21)

第一章　步法、移动和平衡 ……………………… (23)

第二章　挥拍速度 ………………………………… (50)

第三章　耐心和稳定性 …………………………… (70)

第四章　防守 ……………………………………… (90)

第五章　身体素质 ………………………………… (104)

第六章　耐受度 …………………………………… (114)

第七章　西班牙传奇教练员及其影响力 ……… (120)

第八章　西班牙顶级网球学院 ………………… (136)

结　论 …………………………………………………… (159)

相关网址和书籍 …………………………………… (161)

致　谢 …………………………………………………… (166)

引　言

在过去的二三十年里，西班牙网球及其训练体系几乎成了世界网球成功的代名词。

那么，是什么因素使西班牙网球卓尔不群？确切地说，西班牙网球教练员运用了哪些不同于其他国家的训练体系来培养网坛巨星呢？这就是本书要回答的问题。《西班牙网球成功的秘诀》是我对西班牙网球训练方法7年研究的结晶，我参观了许多西班牙顶级网球学院，采访了一些教练员，以辨别和总结西班牙网球独特的训练方法。

西班牙网球的成功不仅仅在于其独特的训练方法。本书将西班牙网球成功的关键因素总结为6条（步法、移动和平衡，挥动速度，耐心和稳定性，防守，身体素质，耐受度），当然还可能有其他一些促使其成功的案例、动力等因素有待进一步解释。

米格尔·克雷斯波（Miguel Crespo）是西班牙运动科学首席研究员、教练员、ITF（国际网球联合会）研究室驻西班牙办事处主任，他总结了西班牙网球成功的因素，包括：（1）西班牙网球历史；（2）网球赛事体系；（3）竞技性俱乐部体系/强大的教练员培养体系；（4）气候；（5）红土场地；（6）榜样和导师的影响力；（7）高强度工作和辛勤付出（包括教练员和运动员）。

具体内容如下：

1. 西班牙网球历史

西班牙拥有令人自豪的网球文化，坚守着荣誉和传统。西班牙曾经培养出众多大满贯冠军，从20世纪20年代早期的曼纽尔·阿隆索（Manuel Alonso）到60年代的曼纽尔·桑塔纳（Manuel Santana），70年代的安德烈斯·吉门诺（Andres Gimeno）和曼纽尔·奥兰特斯（Manuel Orantes），90年代的塞尔吉·布鲁格拉（Sergi Bruguera）和卡洛斯·莫亚（Carlos Moya）（西班牙第一位荣登世界第一的男子网球运动员），以及2000年之后的拉法·纳达尔（Rafael Nadal）（有史以来最伟大的网球运动员之一）。基于这一网球传统，年轻运动员认为他们也可以成为世界优秀运动员并赢得大赛冠军，训练中他们表现出很强的职业道德和体育精神，所有运动员都期望做到最好并以荣誉和诚信取胜。

2. 网球赛事体系

在采访中，许多顶级网球教练员一致强调众多的青少年赛事体系和职业赛事体系对运动员培养的重要作用，令我印象深刻。西班牙有一套最佳的、综合的青少年国家级、国际级和职业巡回赛级别赛事体系，运动员可以开车、乘坐火车或短途飞行，从一站赛事到另一站赛事，交通十分便利。这些高水平青少年赛事和职业赛事对西班牙网球发展具有较大的推动作用，也有助于运动员排名从 ITF 青少年阶段过渡到职业阶段。同时，这些赛事离家很近，便于教练员经常观看运动员比赛。甚至，仅仅在西班牙就可以参加全年的职业巡回赛，所有赛事基本上都在巴塞罗那 4~8 小时车程范围内，不需要搭乘航班。西班牙地处欧洲中心的地理位置也使本国队员去欧洲其他国家参赛十分方便。此外，巴塞罗那有直飞全世界多国的航班，许多 ATP（职业网球联合会）或 WTA（国际女子职业网球联合会）职业运动员也选择长期居住在巴塞罗那。

一位西班牙教练员说过：“运动员要想提高水平

需要具备三个要素——教练员、赛事和优秀运动员，现如今越来越多的优秀网球运动员来到西班牙，西班牙已经万事俱备，你很难找到世界上还有其他地方具备如此优势。”

3. 竞技性俱乐部体系 / 强大的教练员培养体系

西班牙有非常强大的优秀网球教练员基层培训体系。RPT（Registro Profesional de Tenis）由路易斯·梅迪罗（Luis Mediero）创建，是一个私人培训机构，西班牙网球协会也提供初级到高级的教练员培训课程。

西班牙还有许多实力强大的地方性网球俱乐部，相互间会经常进行比赛交流，有助于选拔年轻的、有可能晋升到高水平的、有天赋的网球运动员。

4. 气候

西班牙气候与佛罗里达相似，全年阳光明媚，冬天气候温和，降水较少，使运动员可全年在室外红土场地训练，这是西班牙运动员训练的一大优势。另外，天气炎热的七月和八月，恰好可以锻炼运动员的身体耐力，有助于他们应对长时间、艰苦的室外比赛。西班牙南部城市要比巴塞罗那更热一些。

前世界双打第一、桑切斯－卡萨尔网球学院创建者之一的塞尔吉奥·卡萨尔（Sergio Casal）做了恰当的描述："在这儿训练会发生什么呢？天气多风、阳光充足、炎热、球速慢，在这种状态下训练，你会变得更加强壮，你能获得比赛所需的所有素质。"

为了找到更适合的气候和训练环境，英国安迪·穆雷（Andy Murray）很小的时候就开始在西班牙桑切斯－卡萨尔网球学院训练，其他英国希望之星也紧随其后。俄罗斯马拉特·萨芬（Marat Safin）也曾在小时候来到西班牙接受红土场地训练。俄罗斯其他运动员和东欧国家运动员也陆续去西班牙训练，其中包括萨芬的妹妹迪娜拉·萨芬娜（Dinara Safina）。

5. 红土场地

哈维尔·皮莱斯（Javier Piles）是2013年法网亚军大卫·费雷尔（David Ferrer）的教练员，他谈道："西班牙有非常多的红土场地，网球运动员主要在红土场地上训练。红土场地的特点非常有利于网球运动员掌握网球运动需要的重要素质，他们即使在压力下也能够完成移动并在击球时保持良好的身体平衡。"

西班牙随处可见的红土场地也许才是西班牙网球成功的"真正秘诀"。所有教练员也证实了红土场地在以下几个方面有助于运动员发展：

（1）西班牙红土场地属于慢速场地，有效降低了球速，网球运动员在非常小的年龄就明白了较难打出简单制胜分。青少年网球运动员学会了在比赛中要有稳定性和耐心，而不是每次击球都试图打出制胜分。

（2）由于每一分回合较多、耗时较长，网球运动员必须要选择最佳战术，利用各种组合击球来得分，而不是简单地打出制胜分。网球运动员要明白如何调动对手，以及如何利用场地几何特征创造机会，就像下棋一样来比赛。

（3）红土场地对网球运动员下肢和背部关节肌肉的损伤较小，网球运动员可以坚持更长训练时间而免于疼痛，慢性损伤也不常见。

（4）红土场地球速较慢的特性有利于青少年网球运动员掌握正确动作与长远发展。对于 10 岁以下网球运动员来说，球弹跳低、速度慢有助于其掌握正确握拍和击球点，多回合练习也有助于提升击球质量。

（5）红土场地慢速、恶劣的环境有助于网球运动员建立和巩固击球动力链，以及加快挥拍速度，网球运动员也明白加快挥拍速度的必要性。

（6）红土场地滑步有助于网球运动员建立更好的动

态平衡。跑动中保持身体平衡，通常需要下肢有较好的协调性。

6. 榜样和导师的影响力

在西班牙期间，我对优秀教练员与网球学院之间建立的合作和友好关系感到非常惊讶，虽然他们彼此是竞争对手，但他们仍能深刻认识到他们之间的相互合作对西班牙网球整体水平的提升必不可少。

网球学院之间这种相互合作的现象，在西班牙网球运动员之间也很常见。通常，优秀运动员非常谦逊，且乐于帮助追求成功的同胞。这就是相互帮助“水涨船高”的道理，而不是“焦土战术”式的竞争关系。

榜样和导师的作用对西班牙网球成功至关重要。埃米利奥·桑切斯（Emilio Sanchez）将这种现象称为“传帮带”，西班牙网球运动员相信帮助下一代运动员成长有助于提升西班牙网球的整体水平。因此，在西班牙网球训练中经常可以看到年长的职业网球运动员与青少年网球运动员一起训练，没有丝毫抱怨和不满。西班牙人也会有意识培养运动员这种慷慨大方的品质。

前世界第二艾利克斯·克雷特加（Alex Corretja）对记者詹姆斯·古德尔（James Goodall）谈道：“在西

班牙我们就像一个大家庭，彼此之间尽力互相帮助。在我刚开始训练时，许多优秀运动员如阿尔贝托·贝拉萨特吉（Alberto Berasategui）和卡洛斯·科斯塔（Carlos Costa）教会我如何成为更优秀的网球运动员，并且共享他们教练员的指导，与他们一起训练。其间，我从他们身上学到了很多宝贵的经验，现在我也在用我的所学和经验去帮助其他运动员。”

网球运动员之间相互帮助，教练员之间同样也是如此，如帕托·阿尔瓦雷斯和路易斯·布鲁格拉对其他有天赋的年轻教练员毫无保留地且乐于与他们分享自己的所学所得。即使在今天，帕托和路易斯仍乐于向拜访他们的教练员分享自己的经验。桑切斯－卡萨尔网球学院甚至与 RPT 合作提供培训课程来培养对西班牙网球训练体系感兴趣的教练员。

当我采访卡萨尔时，问他为什么提供这样一个培训课程，他非常热切地回答道，他真诚地希望通过分享他们的训练体系来推动世界网球运动的发展。对于像我这样一个来自美国高水平网球运动员之间激烈竞争的环境中的人，他的这番话让我记忆犹新。

古德尔发表在 ATP 网站上的文章《西班牙网球传帮

艾利克斯·克雷特加

带现象》（*Spain's Generation Game*）中描述，西班牙网球运动员和教练员对于帮助下一代都有一种使命感："之后，同样的情况激励下一代，年轻教练员向老一辈学习，他们看到结果，进行模仿，持续进步，这样就形成了一个成功系统。"

这一系统产生的一个最佳结果就是 1998 年和 2001 年法网亚军艾利克斯·克雷特加。他的成功不只是教练员起到了关键作用，经验丰富的、高排位的运动员也发挥了重要的作用，他青少年时期常与这些网球运动员一起训练。

克雷特加说："这对于年轻网球运动员的发展至关重要。我小时候，很幸运能够与埃米利奥·桑切斯和卡洛斯·科斯塔及其他运动员一起训练，每次训练我都拼尽全力，这真令人难以置信。随着年龄增长，我也会与其他较小的网球运动员一起训练，如卡洛斯·莫亚和胡安·卡洛斯·费雷罗（Juan Carlos Ferrero），在他们成名之后，他们也与其他青少年网球运动员一起训练。"

运动员在成长过程中受益于这一体系，他们也认为年长网球运动员有责任去帮助年轻网球运动员，莫亚也没有丢失这一传统，他曾引领青少年时期的纳达尔成功迈向职业巡回赛。

纳达尔说："在开始打比赛之前，我就认识卡洛斯，在回到马略卡家乡时与他一起训练，我信任他，他也给了我坚定的信心。"

西班牙注重不同年代网球运动员之间的交流，这不仅可以为年轻网球运动员提供指导，而且还有助于传承运动精神。2002 年，法网冠军阿尔伯特·科斯塔（Albert Costa）说：榜样的作用非常重要。冬训期间，许多西班牙网球运动员，如阿尔伯特·蒙塔内斯（Albert Montañes）、尼古拉斯·阿尔玛格罗（Nicloas Almagro）和菲里西亚诺·洛佩兹（Feliciano Lopez）等都会在网球学院（如CIT/FCT）与青少年网球运动员一起训练，打一些比赛。对于青少年网球运动员来说，可以看到自己与顶尖网球运动员之间的差距，这一点非常重要。

网球学院之间充分合作，教练员之间互相交流，运动员之间互为榜样，同胞之间友好比赛，所有这一切都促进了西班牙网球整体水平的提升。其他国家也需要鼓励这样一种分享与合作的文化氛围。

7. 高强度工作和辛勤付出（包括教练员和运动员）

阿尔伯特·科斯塔对此做出了恰当的总结：“西班牙网球训练的一个重要特点就是大强度，如果训练安排强度较大，运动员注意力就会非常集中，这也是唯一提高运动水平的方法。”西班牙的网球学院都会贯彻这一训练宗旨。

西班牙网球教练员阿尔伯特·洛佩兹（Alberto Lopez）说：“心理抗压能力非常重要，我们的训练非

西班牙网球运动员阿兰特查·桑切斯·维卡里奥
1995 年 WTA 排名第一

常残酷，这就是我们的方法。”

因此，这 7 个因素（执教理念和方法除外）是西班牙成为世界网球大国的重要原因。在真正揭开这些秘密之前，先来介绍一下西班牙网球历史。

1973 年，西班牙仅有 2 名网球运动员世界排名前 50 位，即曼纽尔·奥兰特斯和安德烈斯·吉门诺。而在 2011 年，西班牙已经有 9 名网球运动员排名前 50 位，是 1973 年的 4 倍多，西班牙有 13 名网球运动员世界排名前 100 位。此外，自 1973 年 ATP 排名以来，西班牙有 17 名网球运动员进入了世界排名前 10 位。

西班牙作为国土面积较小的一个国家，又是如何在不到 40 年时间成为世界网球舞台的核心呢？在 20 世纪 60 年代，西班牙网球也是传统的平击和切削击球风格，与其他国家没有差异。西班牙网球运动员比较擅长红土场地，他们打法稳定且有耐心，通常被称为“底线防守型网球运动员”。

曼纽尔·桑塔纳是西班牙第一位杰出的网球运动员，20 世纪 60 年代赢得了 4 个大满贯冠军，即 1961 年和 1964 年法国网球公开赛冠军，1965 年美国网球公开赛冠军和 1966 年温布尔登网球公开赛冠军。之后，吉门诺赢得 1972 年法国网球公开赛冠军，奥兰特斯赢得 1975 年美国网球公开赛冠军。在奥兰特斯赢得福里希特希尔斯（Forest Hills）（红土场地）冠军之后，西班牙男子网球经历了一个长达 18 年的大满贯冠军荒，直到 1993 年和 1994 年塞尔吉·布鲁格拉接连获得法国网球公开赛冠军才打破了这一局面。在那段时间里，1989 年女子网球运动员阿兰特查·桑切斯·维卡里奥（Arantxa Sanchez Vicario）赢得了法国网球公开赛冠军，并且最终

安德烈斯·吉门诺

赢得了 4 个大满贯冠军、3 个法国网球公开赛冠军和 1 个美国网球公开赛冠军，单双打世界排名达到第一，进入名人堂。此外，康奇塔·马丁内兹（Conchita Martinez）也在 1994 年赢得了温布尔登网球公开赛冠军，世界排名最高达到第二位。

从 1975 年开始，包括整个 20 世纪 80 年代，西班牙男子网球遭遇到严重的冠军荒。路易斯·布鲁格拉（塞尔吉的父亲兼教练员）及其执教风格在其指导的运动员获得成功后在西班牙备受推崇。路易斯支持者之一费尔南多·卢纳职业生涯最高排名达到第 28 位，塞尔吉在 1987 年赢得西班牙青少年冠军，转为职业网球运动员之后排名迅速攀升，1989 年最高排名达到第 30 位。塞尔吉（由路易斯指导）在 1993 年取得突破，18 岁即成为第一个获得重要赛事冠军的男子网球运动员，这促使大家积极认识布鲁格拉的训练体系。

塞尔吉的事迹也极大地鼓励了年轻运动员。阿尔伯特·科斯塔说："在他赢得第一个大满贯冠军，也就是法国网球公开赛冠军时，我们都开始逐渐相信我们定能做到。许多优秀的网球运动员逐渐涌现出来。在他拿到法国网球公开赛冠军的那一年，我获得了法国网球公开赛青少年亚军，因此我就在想，'哦，这伙计这么优秀，获得了法国网球公开赛冠军，我与他一起训练过，为什么我不能做到呢？'往往是在你近距离接触过成功人士时，就会迸发难以置信的信心，你开始想象自己也能够做得一样好。"

这是西班牙网球近代史的一个重要阶段，也许就是西班牙现代网球时代的真正开端，西班牙"无敌战舰"开始被世界所熟知。

许多西班牙顶级教练员和运动员一致认为：1992 年，巴塞罗那奥运会对西班牙网球的发展影响深远，对 20 世纪 90 年代西班牙网球的发展功不可没。国际奥委会给了西班牙网球协会更多资金，促使西班牙全国网球硬件设施得以改善和升级。

过去20年里也涌现了许多顶级运动员，如路易斯·布鲁格拉、卡洛斯·莫亚、胡安·卡洛斯·费雷罗、艾利克斯·克雷特加、阿尔伯特·科斯塔，以及现在的拉法·纳达尔、费尔南多·沃达斯科、尼古拉斯·阿尔玛格罗、菲里西亚诺·洛佩兹等，那么谁才是西班牙“无敌战舰”的开拓者呢？路易斯·布鲁格拉和帕托·阿尔瓦雷斯分别在 20 世纪 80 年代和 90 年代为此打下了坚实的基础。

古德尔在 ATP 网站上的文章中写道：“1993 年，塞尔吉·布鲁格拉赢得了法国网球公开赛冠军，他是自 1975 年奥兰特斯获得大满贯之后的第一位西班牙人，他也是当时的标志性人物，同样他也得到了许多前辈的帮助，如 1994 年法国网球公开赛亚军阿尔贝托·贝拉萨特吉，前意大利公开赛冠军、世界排名第 7 位的埃米利奥·桑切斯和前世界第 10 位的卡洛斯·科斯塔。当然他的成功并非侥幸，而是教练员间紧密合作，打造西班牙战舰——培育天赋网球运动员的结果。”

尼古拉斯·阿尔玛格罗的教练员何塞·佩拉斯对古德尔说：“回到塞尔吉·布鲁格拉、埃米利奥·桑切斯与他们的教练员路易斯·布鲁格拉和帕托·阿尔瓦雷斯的时代，他们创建了一种合作氛围，只要他们努力就一定能够得到更好的结果。那个时代水平较低的网球运动员（比如我）能够理解并学习他们创建的这种体系，我们也开始相信能够获得更好的结果。这些教练员开始与青少年网球运动员合作，年轻网球运动员逐渐崛起，如艾利克斯·克雷特加、阿尔伯特·科斯塔、卡洛斯·莫亚和菲利克斯·曼蒂拉，以及其他一些网球运动员。”

20 世纪 90 年代，年轻教练员开始参与到下一代网球运动员的培养中，乔弗雷就指导莫亚达到巅峰。

古德尔写道：“莫亚夺得 1997 年澳大利亚网球公开赛亚军绝对是一个重要的历史时刻，这有助于西班牙其他网球运动员相信他们也可以在法国网球公开赛以外的场地上取得成功。莫亚在 1999 年世界排名荣登第一，他是第一位达到这一高度的西班牙网球运动员，这很好地诠释了他的全面型打法。如果不能够很好地适应所有的比赛场地，那么就不太可能成为最好的运动员，尤其

卡洛斯·莫亚

是红土和硬地，因为目前大多数比赛都在这两种类型的场地上进行。”

纳达尔向古德尔谈道：“卡洛斯·莫亚是我遇到过的最优秀的运动员之一，他是一个非常好的人，给我们树立了一个成功的榜样。他是西班牙第一位获得世界第一的网球运动员，我很幸运能够认识他。”

紧随莫亚的步伐，胡安·卡洛斯·费雷罗在2003年世界排名达到第一，并保持了8周。他获得了法国网球公开赛冠军和美国网球公开赛亚军。

费雷罗向古德尔谈道：“当你身边的西班牙人取得世界第一的排名时，你就会想象如果我具备了同样的能力，也可达到巅峰，于是你就做到了。对于西班牙网球来说，莫亚是第一位成为世界第一的网球运动员，他为其他网球运动员开创了道路，比如我和纳达尔从他身上学到了很多。”

在过去的40年里，西班牙网球取得了令人难以置信的成就，不仅培养出许多西班牙籍优秀网球运动员，而且有非常多的非西班牙籍的冠军级别网球运动员也在这一时期在西班牙训练。

位于瓦伦西亚的TennisVal网球学院的潘乔·阿尔瓦里尼奥（Pancho Alvarino）和何塞·阿尔图尔（Jose Altur）培养了如马拉特·萨芬、蒂娜拉·萨芬娜、伊戈尔·安德烈夫（Igor Andreev）等外籍网球运动员，以及本土网球运动员大卫·费雷尔。英国网球运动员安迪·穆雷、加拿大网球运动员米洛斯·拉奥尼奇也强烈建议网球运动员来西班牙训练，他们就是在成长的重要阶段来西班牙训练。不计其数的欧洲以及其他地区网球运动员来到西班牙接受网球训练。

回顾西班牙网球历史，我深刻领会了西班牙网球训练体系的强大和成功，这个体系让西班牙网球运动员的世界职业排名显著提升。

训练体系的调整帮助西班牙网球运动员在国际舞台上获得成功，对于一个国土面积较小和人口较少的国家来说真是不可思议。

需要特别指出的是老一辈西班牙网球传奇教练员的深远影响，如路易斯·布鲁格拉和帕托·阿尔瓦雷斯。几乎我采访到的所有年轻教练员都谈到了他们的工作和创建的训练体系的影响力，尽管存在着一些差异，但是有很多共性的内容。

西班牙网球在过去二三十年所取得的成就真是奇迹，敏锐的观察家能够发现这正是西班牙网球训练体系发挥作用的结果。本书对这一训练体系做了提炼和加工，一一揭开其神秘面纱。

秘　诀

西班牙网球成功的秘诀是我观察到的由不同网球学院和教练员教授的共性元素，如果西班牙网球训练能被清晰地定义为一个体系，那该体系就是西班牙网球训练的核心。

我试着协调西班牙全国范围内所使用的许多不同的、不相关的训练方法，并将其总结、概括、简化，以便其他国家的教练员、运动员、家长学习并融入他们的训练。尽管西班牙网球核心训练方法种类繁多，但可以很轻松地融入其他训练体系，这也是潜在的价值。

西班牙网球成功秘诀的核心要素具有多样化、易复制性特点，很容易融入其他训练体系，这正是其核心价值所在。由于这一体系特殊的可同化性特点，其迅速地传遍了世界各地。

实际上，教条式的体系不太容易传播，不管是宗教的还是其他形式的，而方法由于其适应性和兼容性，则更容易传播些。

我充分强调西班牙网球训练体系中的共性内容，并尽量使其能够应用到现代网球训练体系中，使之成为有益补充。这些训练原则更容易直接用于训练指导。

需要强调的是，这 6 条秘诀（步法、移动和平衡，挥拍速度，耐心和稳定性，防守，身体素质，耐受度）尽管是单独介绍，但在西班牙网球训练中是糅合在一起的。西班牙网球训练体系的一个重要特点就是其教练员工作相对简单、易操作，不只是强调训练某一方面内容，如仅强调训练技术。

本书所提到的许多训练方法，都是为了提升网球运动员整体能力，如一个训练中会包括技术、战术、身体和心理训练。

在介绍西班牙网球训练理念和体系时，我会拆分这些训练方法，但读者应该切记：西班牙网球训练是将 6 条秘诀融合在一起进行的。我会在随后的章节详细介绍。

第一章
步法、移动和平衡

失去平衡，运动员就会失去稳定性和信心。

——路易斯·布鲁格拉

西班牙网球教练员尤其偏爱步法训练，许多南美籍网球教练员也是如此。西班牙顶级网球学院和网球教练员总是要求运动员要做到快速、流畅地移动，并随时做好击球准备。

为什么西班牙网球教练员偏爱步法训练呢？这也许与欧洲足球文化有关，即强调脚的移动多于手上的技术，尤其是红土场地需要更多移动才能取胜，步法是比赛取胜的关键。红土场地犹如运动员的第二教练，即使在没有教练员的情况下，运动员的移动和平衡能力也能够得到训练。

西班牙网球教练员都有一个步法训练的百宝箱，多以手抛球练习方式为主，有助于训练运动员快速到位并做好击球准备的能力。在介绍本章内容时，步法和击球准备两个概念会交替使用，最后介绍一些经典的西班牙网球步法训练方法。

必须要承认的一点是，我这些年执教能力的提升主要得益于对国外网球步法训练的潜心研究，我已经掌握了最佳击球姿势、平衡中快速移动和回位步法的核心，同时我也总结了一些独特的、最优的网球步法训练方法，执教过程中我编创的很多网球步法训练方法的灵感都来自西班牙。

能够学习西班牙网球训练体系并受到其影响使我感到很自豪，因为西班牙网球教练员已经开发了许多基于教学的训练方法，并对其丰富和完善。我相信，对西班牙网球训练体系的研究有助于掌握更好的步法和移动训练方法。

在介绍西班牙网球步法训练秘诀之前，首先解释一下西班牙网球教练员在训练运动员移动能力时所强调的几个要素。

一、平衡

运动员只有保持动态平衡和正确的身体姿势才能够流畅地移动。西班牙网球教练员尤其强调击球时身体姿势的重要性，核心在于控制好身体重心（Center of Gravity，COG）。

西班牙网球教练员需要掌握如何使运动员在移动、击球和回位时打破身体平衡的技能。在准备击球时，为了做到快速移动，运动员需要转换身体重心，例如大范围移动击球。当运动员击球时，更多的时候需要保持身体重心位于中心位置，即围绕身体中心轴转体击球。

第一，西班牙网球教练员强调击球点高度要合适，训练中常见的指令就是：在髋部和肩部之间击球。换句话讲就是，要在最佳舒适区击球，尽量不要在髋部以下或肩部以上击球，大多数击球要在髋部到肩部之间的高度完成。

第二，击球时要保持手臂充分伸展，即手臂不要弯曲过多或者夹着手臂击球。关于击球时手臂充分伸展技术在我的另外一本书《网球技术圣经》（*The Tennis Technique Bible*）中有详细讲解。

第三，击球点要尽量位于身体前侧。在进行步法训练时常用的指令是：击球时保持身体或脚位于球的后侧，保证运动员击球时能明确理解和做到击球点位于身体前侧。

如果同时做到以上三点，那么说明运动员击球点合适，击球时更容易保持身体平衡，就达到了教练员的要求。相反，如果击球点不合适，哪怕是其中一点没做到，击球时就无法控制身体重心，身体容易失去平衡。

因此，击球点、身体平衡和步法有内在的联系。最终，运动员双脚位置关系决定了击球点是否合适，以及击球时能否保持身体平衡。西班牙网球教练员非常重视站位，因为它不仅与击球点有关，还决定了击球时运动员是否保持了身体平衡。

二、击球准备

在西班牙，击球准备通常是指向来球方向移动，调整好双脚位置，保持身体平衡，在最佳击球点击球。击球准备有时指运动员在场上的位置，如运动员站位是接近底线还是在底线后很远的位置。西班牙网球教练员训练中会要求运动员处于合适的位置，根据运动员在场上的位置和对方回球的特点决定击球采用进攻还是防守。

击球准备主要指向来球移动，西班牙网球训练所提到的击球准备也是如此。向来球移动包括：（1）双脚采用合理步法移动到击球位置；（2）保持好身体姿势；（3）判断来球飞行轨迹。因此，西班牙网球教练员热衷于在球飞行过程中向来球移动的步法训练，恰当时机做好击球准备，身体在保持平衡状态下击球。

据我观察，美国网球教练员不太注重步法训练，尤其是击球准备这一关键技术的训练。幸运的是，一位著名的西班牙籍网球教练员何塞·伊格拉斯（Jose Higueras）担任美国网球协会高水平训练部主任，致力于提升美国网球运动员步法和击球准备的能力。实际上，美国网球协会运动员发展计划中也采用了西班牙的网球训练理念，甚至在训练中采用西班牙步法训练的方法，以提升训练质量。美国网球协会在国家训练中心修建了更多红土场地，很明显，美国已经全面采用西班牙的网球训练体系。

运动员移动到击球位置时应该采用什么站位呢？无论你信还是不信，西班牙网球教练员仍然强调用最基本的关闭式站位击球，这一点显得与现代网球格格不入，但传统关闭式站位依然受到青睐，尤其是建议初学者采用这种站位，这一点我也赞同。布鲁格拉网球学院和桑切斯－卡萨尔网球学院是这一传统击球站位的主要推崇者。训练中，教练员仍然要求运动员要上步击球，这是基本功训练。

很明显，大多数西班牙网球运动员后期逐渐采用半开放式和开放式站位击球，尤其是达到 ITF 高级别和职业级别，这种站位更适合高水平网球运动员，以及大跨步击球时使用。

在运动员发展到高水平阶段时，开放式站位击球要求转体更多、拍头速度更快、力量更大、旋转更多。但不管采用哪种站位击球，站位（或者说身体姿势）与平衡才是整个击球过程中最重要的环节。

西班牙网球训练体系中，与最佳站位或击球姿势同等重要的一个概念是“预判”或“解读”，路易斯·布鲁格拉常常强调这一点。“预判”就是用眼睛去观察对手的战术意图以及判断球的飞行轨迹。一般西班牙网球教练员在训练步法时，会同时训练预判能力，因为如果没有很好的预判能力，运动员就无法快速、有效地做好击球准备。西班牙网球传奇教练员乔·伊格拉斯说：“必须同时训练运动员的预判和步法。”因此，西班牙网球训练中预判和击球站位（眼和脚）训练不可分割。

三、快速启动和耐力

西班牙网球教练员认为运动员的快速启动能力非常重要，耐力（精确重复）也同等重要，这是步法训练的两个重要因素。

据我观察，西班牙历史悠久的网球学院的教练员训练步法时经常强调多次有节奏的重复，而不是短距离冲刺，如帕托·阿尔瓦雷斯（阿尔瓦雷斯训练方法将在第七章介绍）。而年轻教练员则更注重快速短距离冲刺，而不是耐力，如莫亚青少年时期的教练员乔弗雷·波尔塔。

也许这就是目前西班牙网球训练体系的一个重要变化，西班牙网球“无敌战舰”创建的功勋教练员阿尔瓦雷斯和布鲁格拉曾经所强调的一些技术细节也发生了较大变化，年轻教练员逐渐走向了舞台中央，如乔弗雷。这也是历史发展的必然规律，任何国家和体系都是如此，新生力量成为主导，老一辈“传奇”逐渐褪去光环或者退休。据我观察，西班牙许多网球学院进行步法训练时仍然以移动耐力为主，每组击球重复次数为 10~60 次。阿尔瓦雷斯训练中主要这么安排，而乔弗雷是以 4~8 次重复击球为主，这与教练员个人执教风格有关。

路易斯·布鲁格拉则注重几个因素的结合，尽管他也有很多关于快速启动的训练方法，但是他认为身体平衡和击球站位比单一强调快速启动更重要。虽然西班牙网球教练员重视启动、冲刺、灵敏，但大多数西班牙网球教练员会系统和常规地安排移动速度训练，尽管速度素质也是有效移动的重要组成部分。

依我看，当每组击球次数超过 10 次时，已经达到次最大强度，以有氧供能为主。而以改善速度为主的训练，如全速冲刺，是最大强度，则以无氧供能为主。

西班牙传统网球步法训练中，速度训练主要由体能训练师完成，而西班牙有些网球教练员更希望在场上完成速度训练，并将其作为日常训练的重要组成部分。

西班牙传统网球步法训练中教练员通常更注重平衡能力和站位的训练，以有节奏的重复和有氧训练为主，而非以无氧供能练习为主。试想中等强度连续完成 10~30 次或更多次击球，与高强度完成 4~10 次击球训练效果肯定是不一样的。

这样来讲，在进行移动和平衡训练时，耐力也得到了锻炼。运动员只有具备了很强的耐力才能够不断地进行重复步法和平衡训练。当然，要应对法国网球公开赛3~5盘的艰苦比赛，额外的耐力训练也必不可少。

四、预判和反应

在进行移动和步法训练时，预判和反应能力也需要进行专门训练，这有助于提升运动员快速启动能力。西班牙网球教练员注重训练运动员的预判能力，即眼睛观察场上形势的能力，尽早盯住来球，更好地做出判断，同时及时做出反应，即神经肌肉系统训练，眼睛获取信号—传递到大脑—进行加工—反馈给双脚—做出移动。

路易斯·布鲁格拉认为："如果击球之前无法做出正确预判，你的移动将无法覆盖全场，存在明显空当时，对手就会处于有利位置。如果击球时你已经处于最佳位置并做好准备，那么情况就完全不同了。但要做到这一点，你需要掌握两种能力：解读比赛和移动。"

训练网球运动员的预判和反应能力，教练员可以手抛球快速喂球，并且增加抛球的随机性，也可以用假动作让运动员出其不意，这样才能够集中注意力。网球运动员需要时刻盯住教练员的抛球手，并预判抛球位置。乔弗雷·波尔塔是这种步法训练的专家，当然布鲁格拉也是。

五、手抛球训练

在不考虑不同形式手抛球训练的区别时，采用手抛球喂球进行步法和平衡能力训练在西班牙被认为是最佳的网球训练方法。教练员抛球时距离运动员越近，可以越好地控制抛球的速度和时机，能够随时与运动员进行交流，并且能更清晰地看到运动员的步法移动。

六、360° 移动

西班牙网球步法训练移动范围是360° 的，而不是简单的向前和横向移动。据我观察，美国网球教练员步法移动训练一般以向前和横向移动为主，即180° 的范围，强调进攻。拉法·纳达尔是西班牙网球移动训练培养的典型代表，他时刻做好向任何方向移动击球的准备，全速冲刺、精准预判、合理步法、正确站位和持久耐力。

西班牙网球教练员偏爱防守型步法训练，即站在底线后较远位置击球。强大的防守能力是西班牙网球运动员的打法特点，本书也有专门章节来介绍防守型步法训练。西班牙网球教练员一致认为，要提高防守能力，首先要掌握最基础的移动步法，即站在底线后较远位置击球。

西班牙网球教练员同样也会用大量时间进行前后交替的移动训练，即由防守过渡到进攻，或由进攻过渡到防守。西班牙网球运动员要掌握流畅的侧向及前后移动能力，这些都是重心转换的核心技能。

费尔南多·卢纳说：“西班牙网球训练体系最重要的就是步法训练，即在球飞行时做出更好的预判并移动，调整好击球站位，加速挥拍，提高控制能力。紧接着是拍头加速（手紧握球拍，但保持手腕放松，如纳达尔），最后是稳定性。”

拉法·纳达尔

帕托·阿尔瓦雷斯双节奏训练法

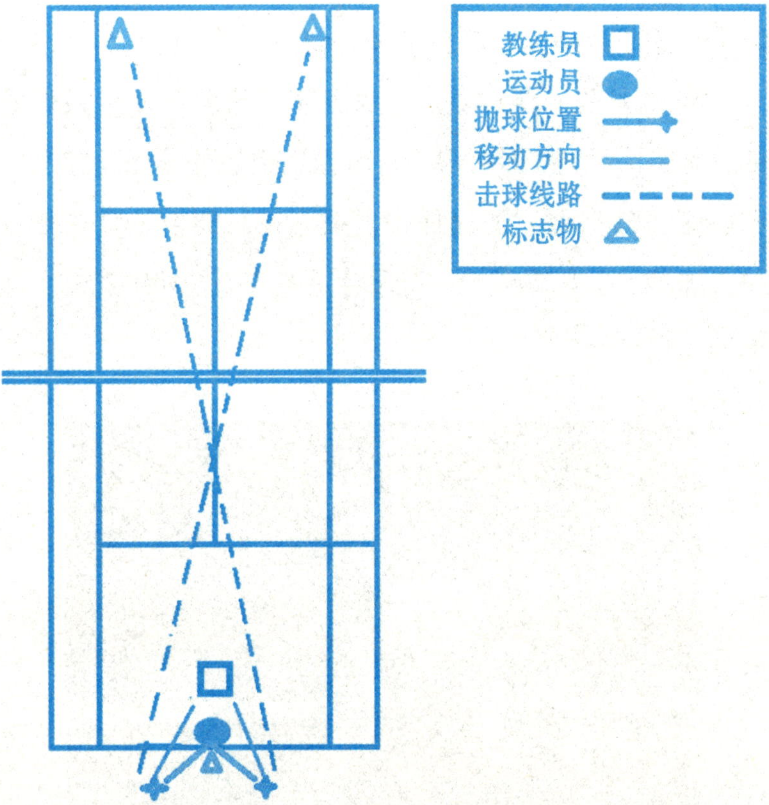

防守型“V”字步法训练

目的：

使用双节奏步法训练，使运动员防守时保持身体平衡和腿部稳定性。运动员将身体置于来球的后方，并做好蓄力姿势，这一点非常重要。步法和平衡可以单独进行训练，或者教练员也可以同时训练挥拍技术（手）和战术意识（眼和脑）。

关键细节：

- 运动员宽支撑、双侧滑步。阿尔瓦雷斯不建议采用交叉步，但现代有些教练员建议第一步采用交叉步，如何塞·伊格拉斯。
- 运动员后腿弯曲充分蓄力，蹬地，利用地面反作用力（Ground Reaction Forces，GRF），向后退时尽量不要跳起，除非迫不得已。
- 运动员尽量做到在最佳击球点击球，即球位于身体侧前方，肩部和髋部之间。
- 教练员手抛球或球拍喂球。

练习次数：

为了训练运动员耐力，每组击球 20~60 次。

帕托·阿尔瓦雷斯进攻型“V”字步法训练

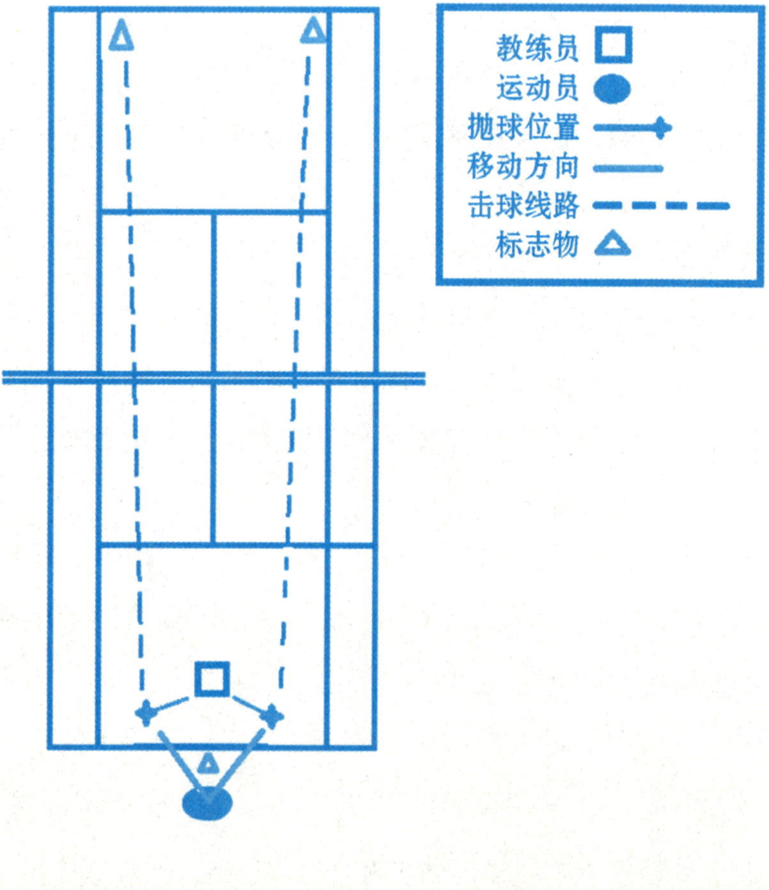

目的：

使用双节奏步法训练，使运动员进攻时保持身体平衡和腿部稳定性。运动员将身体置于来球的后方，并做好蓄力姿势，这一点非常重要。步法和平衡可以单独进行训练，也可以同时训练挥拍技术（手）和战术意识（眼和脑）。

关键细节：

- 运动员向前移动（阿尔瓦雷斯强调采用双节奏步法），身体重心由后腿转移至前腿，以增加挥拍的线动量，加大击球力量。
- 运动员回位时，内侧脚转动，侧滑步回起点位置，被称为“回家”。
- 运动员尽量做到在最佳击球点击球，即球位于身体侧前方，肩部和髋部之间。
- 教练员也鼓励运动员采用前脚单脚跳起进攻。
- 教练员手抛球或球拍喂球。

练习次数：

为了训练运动员耐力，每组击球 20~60 次。

帕托·阿尔瓦雷斯“半X形”防守和进攻步法训练

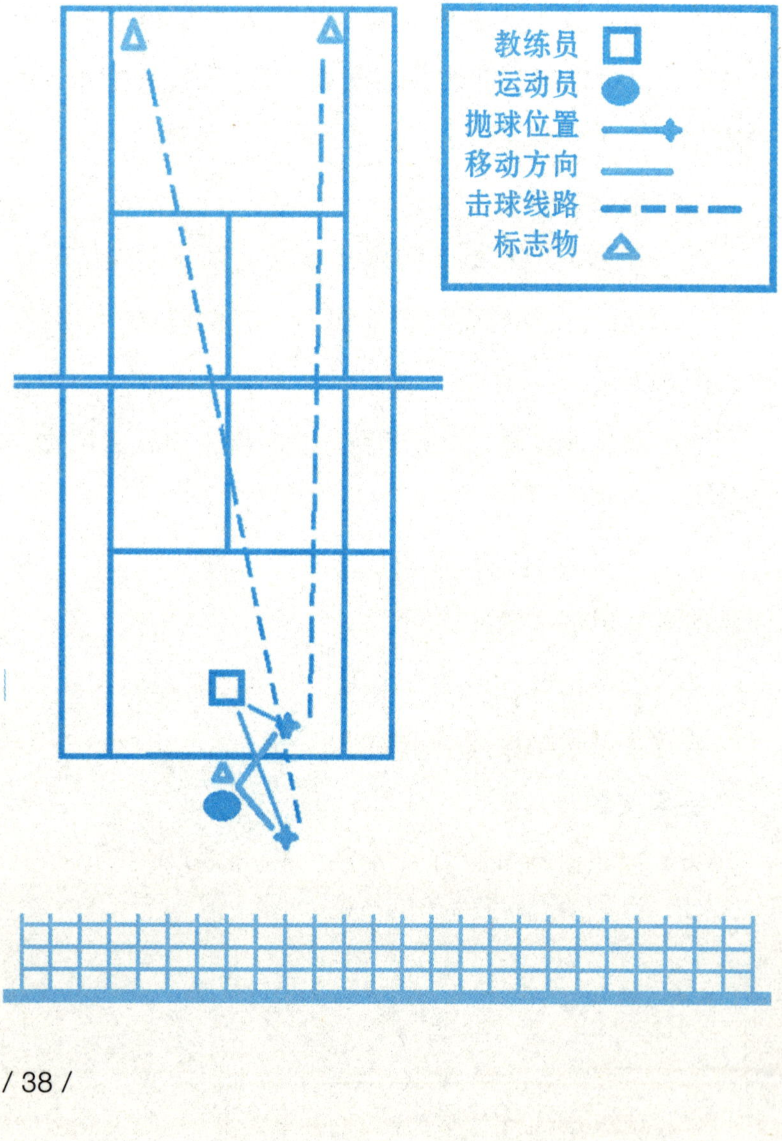

目的：

综合训练运动员防守和进攻时的平衡、移动和步法。“半X形”运动员可以单独专注于正手或反手击球训练，效果会更好。

关键细节：

- 运动员向后移动击球时，保证回球深度达到有效“进攻型防守”的基本要求。
- 运动员身体重心要充分置于后腿上，做好蓄力姿势，保持身体平稳，以便利用地面反作用力。
- 运动员向前移动（阿尔瓦雷斯强调采用双节奏步法），身体重心由后腿转移至前腿，以增加挥拍的线动量，加大击球力量。
- 布鲁格拉训练体系建议有其他步法选择，而不是完全采用双节奏步法训练。
- 运动员尽量做到在最佳击球点击球，即球位于身体侧前方，肩部和髋部之间。
- 教练员手抛球或球拍喂球。

练习次数：

为了训练运动员耐力，每组击球20次或以上。

何塞·伊格拉斯和乔弗雷·波尔塔训练：解读比赛、预判和反应

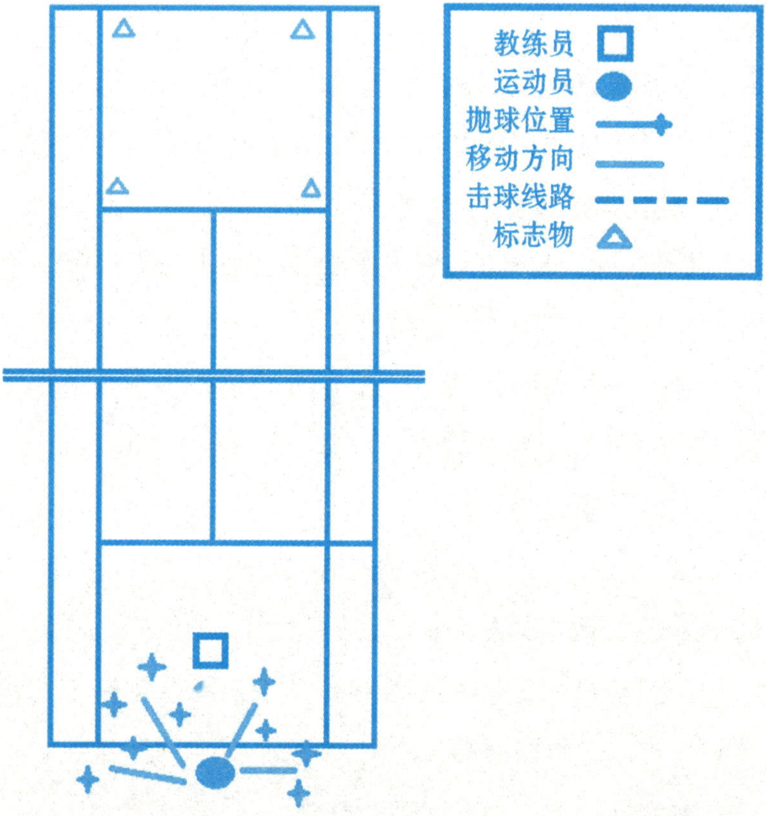

目的：

单独训练运动员的眼（观察比赛）、脑（预判与反应）、脚（步法、平衡和击球姿势）。

关键细节：

- 教练员快速、随机抛球，训练运动员解读能力和反应能力。
- 运动员专注于快速到位，身体平衡，稳定地移动到球的侧后方。
- 运动员必须将眼睛专注于教练员的肢体语言和球的出手，以此训练追踪球（解读技能）的能力，提升技术性预判水平。
- 教练员手抛球喂球。

练习次数：

注重对运动员快速、短距离启动训练。每组击球5~10次为宜。

乔弗雷·波尔塔快速训练（借助阻力带）

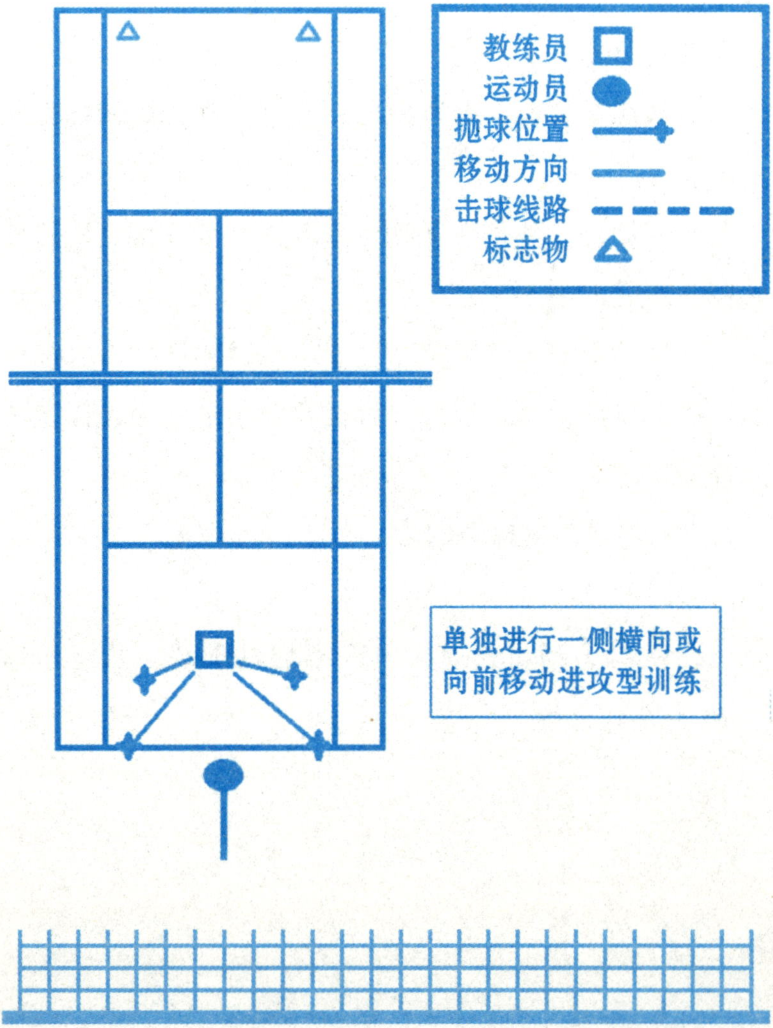

目的：

本训练采用快速的随机或固定模式抛球，训练运动员的眼、脑、脚。波尔塔经常采用阻力带增加移动中保持身体平衡和稳定的难度。西班牙网球比赛是一场奔跑的比赛，教练员希望运动员快速移动并保持身体平衡。因此，这是运动员的日常训练内容。

关键细节：

- 教练员喂球调动运动员侧向、向前或向后移动，或者是全方位移动。
- 教练员根据运动员的身高和力量使用合适弹力的阻力带。
- 强调运动员击球时保持身体平衡和稳定，并且做好回位步法。
- 教练员也可以随机抛球，训练运动员的身体应激能力，培养其解读比赛、预判和反应能力。
- 教练员手抛球喂球。

练习次数：

每组击球 5~10 次为宜。重点发展运动员快速启动、移动和冲刺能力。

路易斯·布鲁格拉应急移动训练（有无阻力带均可）

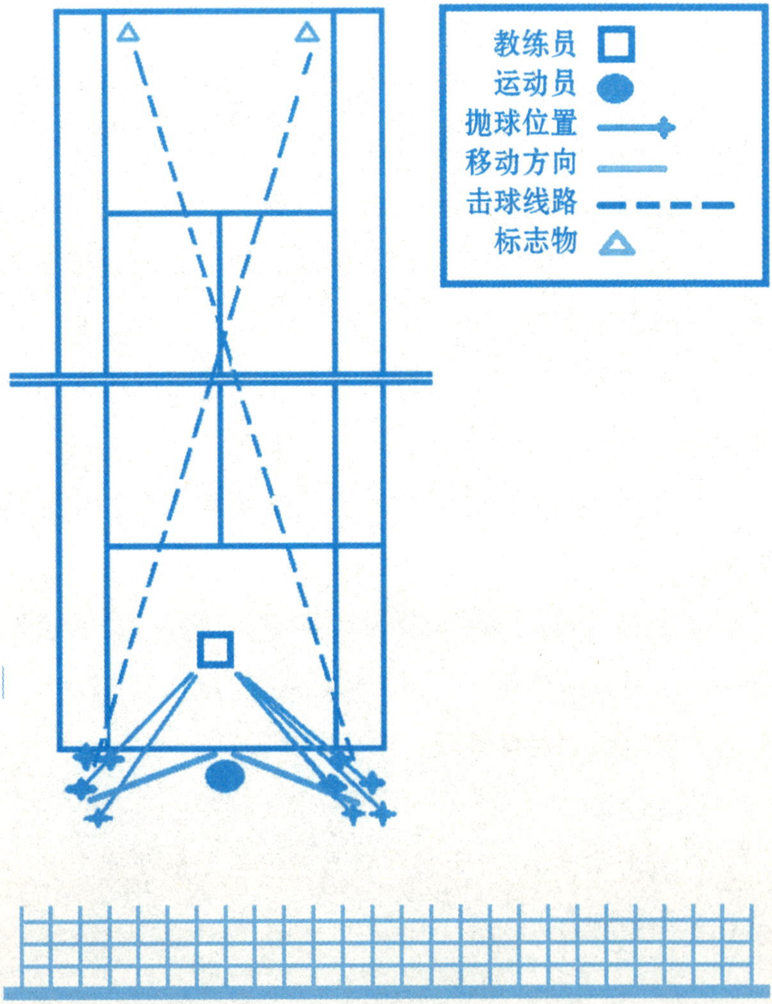

目的：

训练运动员紧急防守型侧后方移动能力。通常，西班牙网球教练员强调运动员向后撤步后，身体重心要向前移动，以此化解对方的进攻。

关键细节：

- 运动员尽可能滑步移动到位。
- 运动员可以进行正手或反手训练，也可以进行正手、反手组合训练。
- 教练员采用随机抛球，进一步培养运动员解读比赛、预判和反应能力。运动员每次击球后要迅速回位。
- 运动员采用防守型强烈上旋回球，使球落到安全区域。
- 教练员以手抛球为主。

练习次数：

每组击球 6~10 次。

路易斯·布鲁格拉侧向移动训练

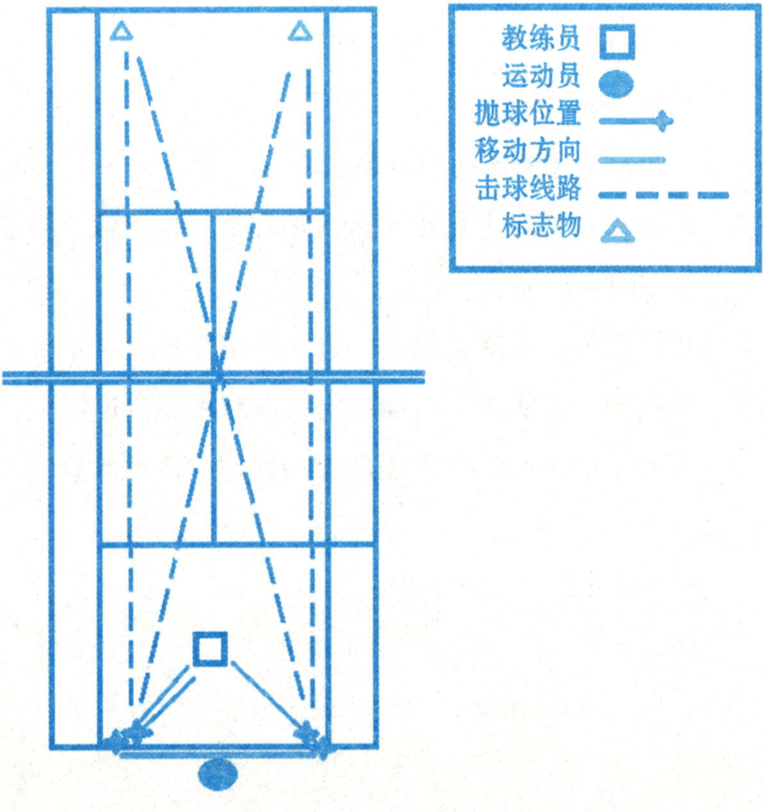

目的：

训练运动员在压力下的跑动加防守型底线多拍相持，以及在险境中的全速冲刺回球能力。

关键细节：

- 运动员必须迅速移动到位，调整好身体与来球的位置关系，在最佳击球点回球。
- 击球时，运动员保持良好身体稳定和重心转换非常重要。
- 运动员快速回位，为下次击球做好准备。
- 运动员滑步向来球移动，提高步法的移动效率，缩短回位时间。
- 教练员一般从球网对侧手抛球或用球拍喂球，模拟比赛场景，加快喂球的球速。
- 对高水平运动员，教练员可以加快喂球节奏。

练习次数：

若运动员以无氧训练为主，每组击球 5~10 次为宜；若运动员以有氧训练为主，每组击球 20 次以上为宜。

路易斯·布鲁格拉反应训练

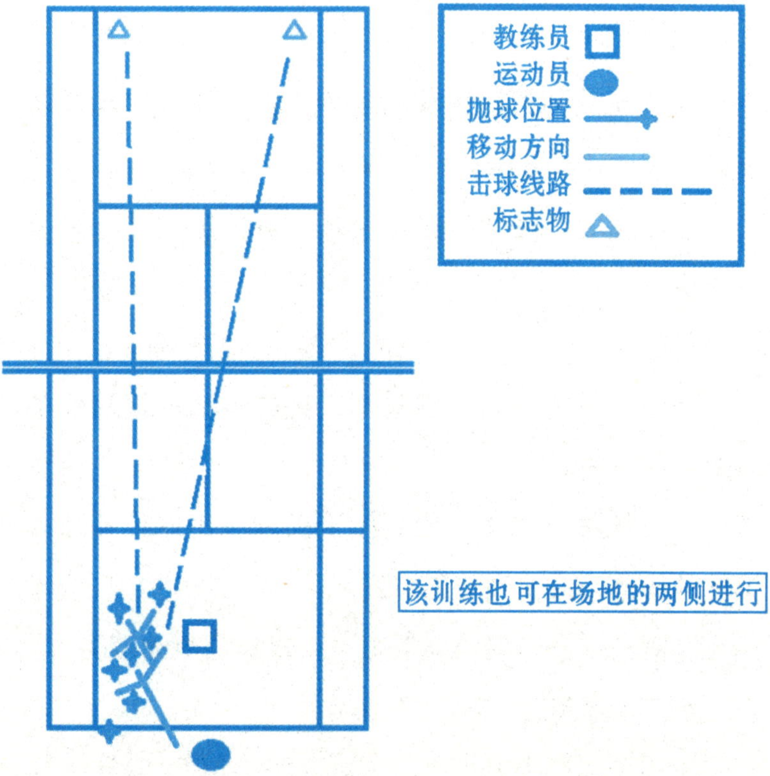

目的：

训练运动员的盯球、预判、反应能力，以及步法、平衡和击球姿势。整个训练始终强调运动员保持身体平衡。布鲁格拉反应训练可选择将运动员的多种技术训练或战术意识训练以及击球方式融入其中。

关键细节：

- 教练员站在中场随机向前、向后抛球。
- 运动员必须盯住来球并快速做出反应，保持好身体平衡和稳定，做好击球准备，在最佳击球点完成击球。
- 应鼓励运动员努力解读教练员的肢体语言，并为下一个随机抛出的球进行预判。
- 教练员手抛球。

练习次数：

根据不同训练强度要求，每组击球 10 次以上。

以上精挑细选出的一些经典训练方法，主要目的是提升运动员的反应、盯球、多向移动和平衡能力。西班牙的网球步法训练是全世界最好的。

教练员、运动员、家长可以从中学习很多，可将其融入自己的训练，也可根据个人所需量身定制。

第二章
挥拍速度

击球可以选择不同时机，也可采用不同的击球方式，但最终是要把球打回去，回球更快，因此我认为加快挥拍速度才是击球的核心。

——阿尔伯特·科斯塔

（2002 年法国网球公开赛冠军）

西班牙网球教练员热衷于加快挥拍速度的训练，对于势大力沉的正手击球训练也有一套独特的、神奇的方法，帮助运动员完成大力、超上旋正手回球。

所有网球教练员都可以从西班牙大力击球训练方法中得到启发。我之前为《网球》杂志撰文关于西班牙网球教练员如何训练正手击球与加快挥拍速度。详见文章《西班牙式正手击球训练》（*Building the Spanish Style forehand*）与《两个天才》（*Two Geniuses*）。

塞尔吉·布鲁格拉以他标志性的挥拍速度改变了西班牙网球运动员的击球方式，他的父亲兼教练员路易斯·布鲁格拉谈道："我完全改变了塞尔吉的训练和比赛方式。"他曾经自问："如果没有绝对力量且不依靠身体或手臂发力，如何通过加快挥拍速度使塞尔吉及其他西班牙网球运动员击球速度更快呢？"布鲁格拉发明了一些提高挥拍速度的训练方法，并尝试用这些方法训练他的儿子塞尔吉与其他运动员。拉法·纳达尔的正手击球和塞尔吉几乎一样，无疑也是受布鲁格拉加速训练体系的影响。

路易斯·布鲁格拉具有远见卓识，20 世纪 80 年代开始，他就模仿比约·博格的击球方式训练运动员，预见了现代网球将以力量和旋转为主的打法。他注重训练运动员正手出球最快的转速（Revolutions Per Minutes，RPM），并且创建了一些训练挥拍速度的方法，用于训练诺尔迪·阿雷兹（Jordi Arrese）（前ATP排名23，获得1992年奥运会网球比赛男子单打银牌）和他的儿子塞尔吉。

在现代网球运动员中，纳达尔是第一位正手击球转速超过塞尔吉的网球运动员。由此也可以看出，在20世纪80年代和90年代早期，球拍科技和聚酯纤维拍线技术没有达到目前这样发达的情况下，塞尔吉的击球就能达到这么高的转速，实属惊人。

欧洲特有的红土场地是要求运动员加快挥拍速度的最佳天然要素。西班牙红土场地球速非常慢，迫使运动员加快挥拍速度以保证球能够过网，并且落在底线深区。此外，球容易变得潮湿，也会沾上红土，又迫使运动员必须要具备比硬地场地更快的挥拍速度才能把变重的球回击过网。

红土场地可以作为运动员加快挥拍速度击球的第二导师。在红土场地，球落地之后经常会出现不规则弹跳，因此在上升期击球并不是一个最佳选择，运动员必须要等到球下落到最佳高度击球，此时球速也适当减慢，与上升期可以借力击球不同，下降期击球要求运动员必须主动发力。因此，红土场地为西班牙网球教练员训练运动员挥拍速度提供了极大的便利。当然，这只是西班牙网球训练体系的一部分。

除了慢速红土场地所带来的内在原因之外，西班牙也有一套提高挥拍效率、快速击球的训练方法。布鲁格拉说："拍头必须要具备一定速度，就像套马的套索一样必须快速移动。"无论是教练员用球拍喂球、手抛球或是截击喂球，布鲁格拉所有的经典训练方法都是为了提高拍头速度。他说："我试图找出一种方法使运动员不发力（身体强壮）也能够达到更快的挥拍速度，那么，手腕、球拍、手臂、身体重心转移都有助于获得更大力量，这比其他因素都要重要。"

布鲁格拉独创的加快挥拍速度的训练方法传授给了西班牙年轻网球教练员，这些教练员通过学习、调整和改编，将这些训练方法几乎应用于全国各网球学院。

当这些训练方法、红土场地与加快挥拍速度几种因素结合在一起时，结果就是协同地、持续地培养出一批底线势大力沉击球型网球运动员。西班牙网球运动员底线势大力沉击球的特点并不是偶然出现，也不是与运动员遗传基因有关，而是西班牙网球教练员积极、系统培养的结果。

我建议，其他国家网球教练员可以采用西班牙网球教练员训练运动员势大力沉击球的训练理念和方法，这也是现代网球运动取得成功的关键。即使没有红土场地，如果采用合适的训练方法和提示，仍然可以培养出这种打法类型的运动员，不过在红土场地训练效果会更佳。

势大力沉的回球特点是落点深、穿透力强、力量大、旋转快，而不是单一的速度快。旋转给球施加的沉重感增加了击球的力量和深度，掌握了这一秘诀，其他国家运动员也可以做到大力击球。平击球容错空间较小，球落地之后也不会快速弹起。而强烈上旋球可以在不损失击球力量的前提下，击出更稳定、角度更大的回球。桑普拉斯正手击球很好，但是西班牙网球教练员认为纳达尔正手更好、更多变，可以更好地适应所有场地的比赛。

我会用一整章内容介绍西班牙势大力沉的击球方式。西班牙仍然注重像纳达尔和沃达斯科这种正手击球类型网球运动员的培养。运动员即使反手击球很好，教练员仍然要求运动员要不断地采用侧身正手击球，因为从生理学和生物力学角度看，正手击球能够产生更大力量让球更快地旋转，这也是红土场地取胜的必要条件，在其他场地也非常有效。

实际上，许多顶级网球教练员如何塞·伊格拉斯等也同意这一观点，即在红土场地训练的运动员更容易适应硬地场地。塞尔吉奥·卡萨尔谈道："西班牙网球运动员都在红土场地训练,即使没有训练体系,也会更强壮、更稳定，在红土场地训练非常重要。"

不管对手是谁，不管在什么类型的场地比赛，势大力沉的正手或反手击球都是优势。不管怎么说，纳达尔正手击球很强大,又有谁不愿意练成沃达斯科的正手呢?谁会说这种类型的正手仅在红土场地上有优势呢?

其实，西班牙这种类型的正手击球也是多变的，不只是在红土场地才能发挥威力，这就是这个阶段大力击球的标志性特征。

经典凌空抽击训练方法

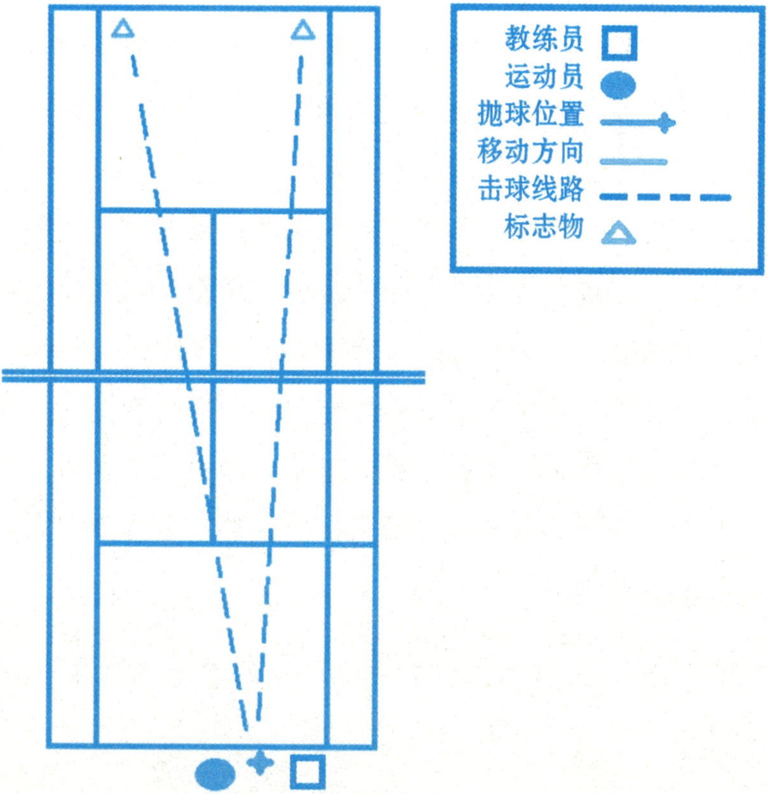

目的：

许多训练方法都是由西班牙著名网球教练员路易斯·布鲁格拉发明的，目前被全世界网球教练员所使用，西班牙网球教练员也会进行一些调整并使用。本训练方法的目的，首先是加快手臂和挥拍速度，使回球的旋转和速度兼备，达到最佳，保证回球力量、深度和穿透力。其次是训练凌空抽击的击球时机。

关键细节：

- 运动员在底线位置快速挥拍，连续进行凌空抽击截击，保证击球深度、强烈旋转和力量。
- 教练员站在运动员一侧手抛球喂球。
- 运动员手臂相对放松，做出鞭打动作。
- 布鲁格拉强调采用关闭式站位，可加快手臂挥动速度，不建议采用开放式站位。
- 运动员适当蓄力，身体重心由后向前转移。
- 整个击球过程中，运动员手臂完成鞭打动作时保持身体平衡和上体直立。

练习次数：

每组击球 8~12 次。

路易斯·布鲁格拉挥拍速度训练

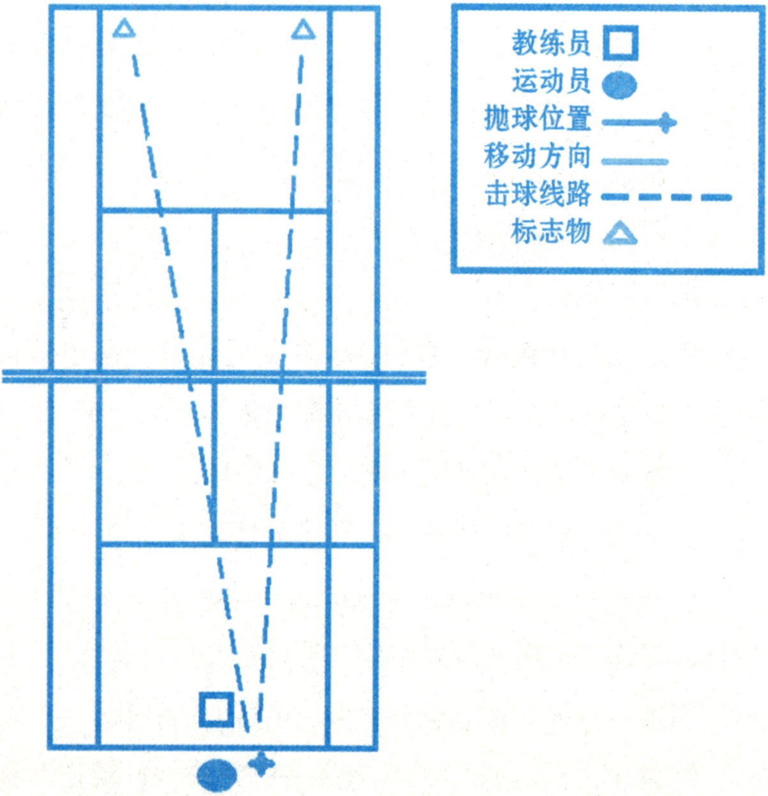

目的：

与上一个训练目的一致，不过该训练要求运动员在球落地弹起后击球，给运动员充分的准备时间，这是西班牙式势大力沉的击球。该训练也可以帮助运动员提高盯球、快速反应及做好身体准备的能力，教练员喂球节奏要快。

关键细节：

- 运动员从底线快速连续击球，保证回球深度、旋转和力量。
- 教练员在运动员身前抛球，教练员逐渐加快抛球节奏，运动员加大手臂挥拍的强度。
- 运动员手臂相对放松，做出鞭打动作。
- 布鲁格拉强调采用关闭式站位，可加快手臂挥动速度，不建议采用开放式站位。
- 运动员适当蓄力，身体重心由后向前转移。
- 整个击球过程中，运动员手臂完成鞭打动作时保持身体平衡和上体直立。

练习次数：

每组击球 10-20 次。

由守转攻击球训练

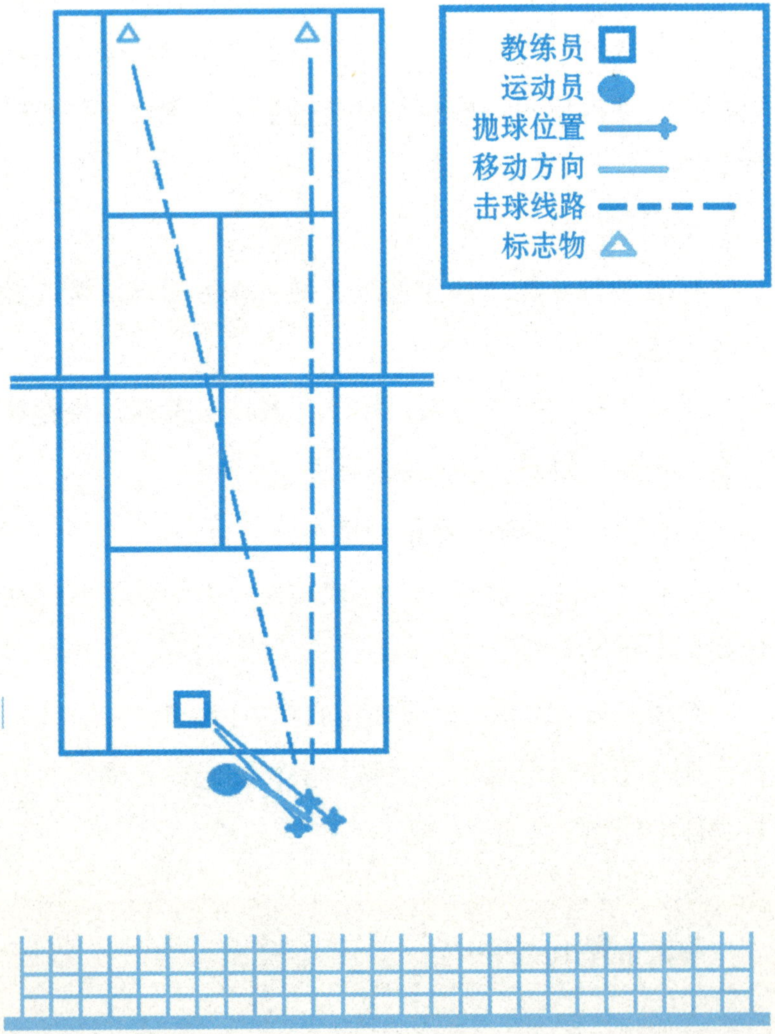

目的：

主要训练运动员的移动和加速挥拍的能力，后退中大力挥拍击球，或者进攻深区高球。

关键细节：

- 运动员后腿充分蓄力，蹬地，利用地面反作用力。
- 运动员手臂相对放松，做出鞭打动作。
- 运动员适当蓄力，身体重心前移，不要采用开放式站位，尽可能向后跳起击球，但有些现代西班牙网球教练员允许使用开放式站位。
- 整个击球过程中，运动员手臂完成鞭打动作时保持身体平衡和上体直立。
- 教练员抛球节奏适中，把球高高抛起，给运动员充分的准备时间调整好身体姿势，做好蓄力和加速准备。
- 教练员手抛球或球拍喂球。

练习次数：

每组击球 10~20 次。

路易斯·布鲁格拉凌空抽击训练

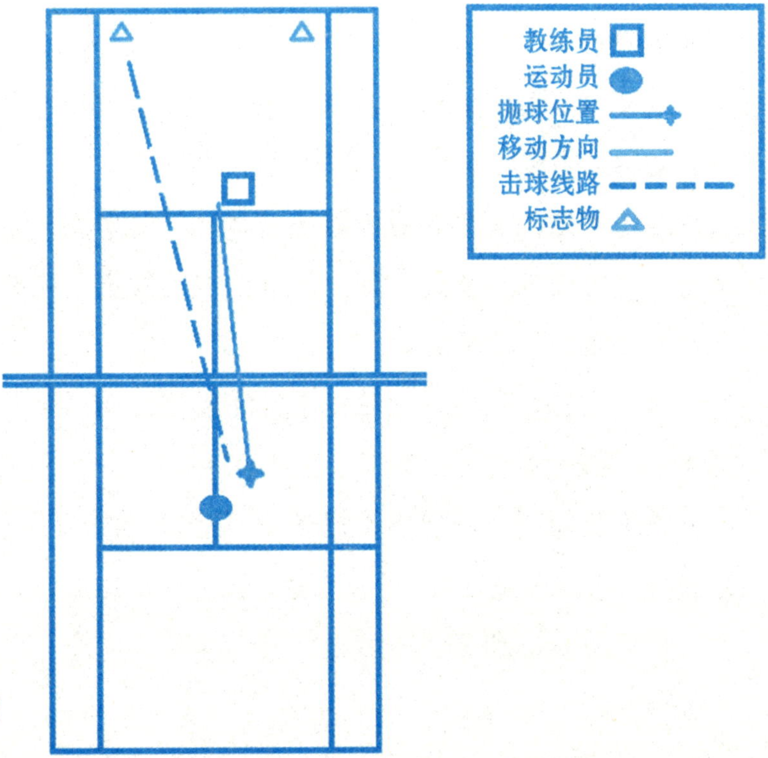

目的：

这是布鲁格拉另外一个加速挥拍训练方法。在来球速度较快时，该方法同样有助于训练运动员盯球（眼睛）、快速反应与做好身体准备的能力。

运动员在中场区域进行凌空抽击是一个重要的战术，在红土场地上比赛尤其如此。然而，主要技术环节还是手臂充分后引做好加速准备。教练员也可以根据训练重点有所侧重，不建议一味地进行技术训练。

关键细节：

- 运动员快速挥拍完成凌空抽击式截击。
- 运动员积极进行步法移动和调整最佳击球点。
- 运动员上体保持相对放松，整个击球过程，手臂以最快速度挥动。
- 布鲁格拉强调采用关闭式站位。
- 教练员用球拍喂球。

练习次数：

每组击球 8~12 次。

帕托·阿尔瓦雷斯与路易斯·布鲁格拉“墙”：全部正手或反手击球训练

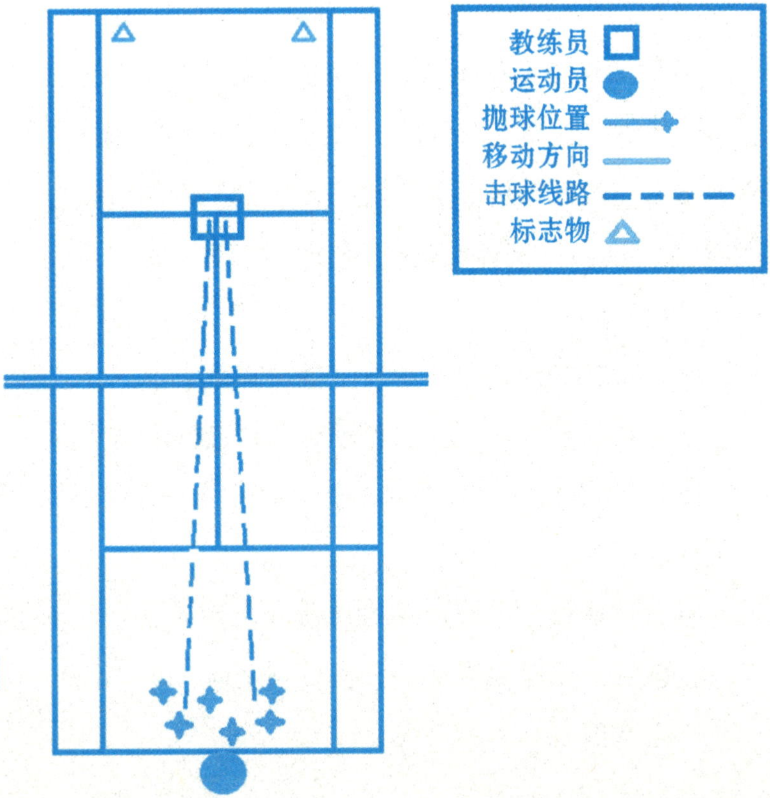

目的：

这是一个经典的西班牙式网球训练方法，可以进行适当调整后而采用。单独进行正手或者反手击球训练时，该训练主要目的就是使运动员手臂和腿部在超负荷状态下完成动作，以训练运动员力量和挥拍速度。这一方法具有多变性，可以用于运动员其他能力训练，也可以用于提升运动员的整体能力。

关键细节：

- 教练员在网前位置，轻轻将球截击向运动员的位置，运动员必须调整脚步，大力击球打向教练员胸部高度位置或者教练员设置的目标区域。
- 切记：教练员要像“一堵墙”，截击时不要失误，稳定地、柔和地将球打向运动员，该训练对教练员的截击技术要求非常高。
- 运动员要调整到最佳击球点击球，尽可能快速挥拍击球，回球要势大力沉。

练习次数：

每组击球 20 次以上，或计时，如每组连续击球 2~3 分钟。

乔·伊格拉斯低位、高位鞭打挥拍训练

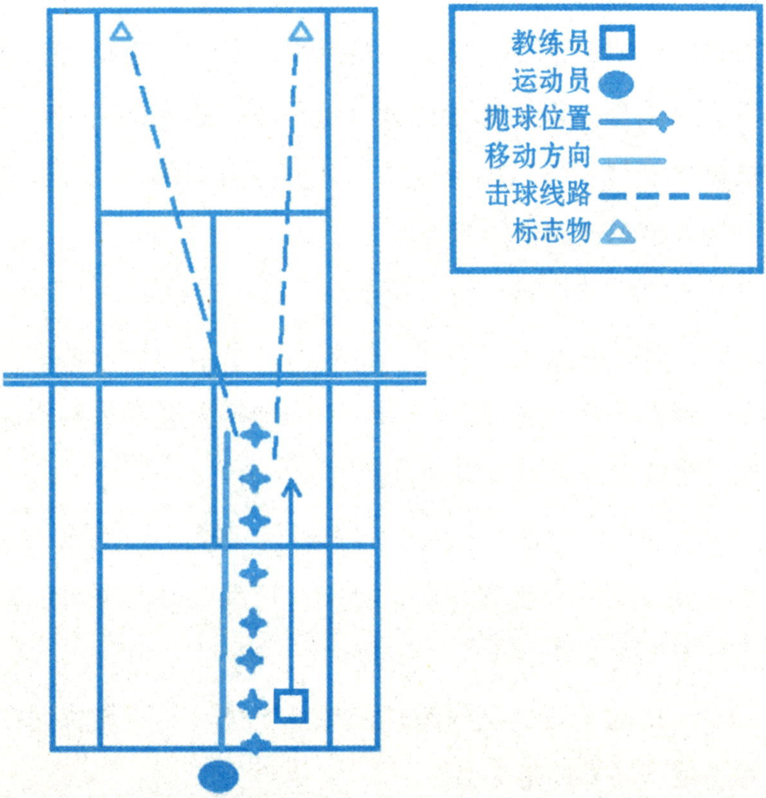

目的：

这是乔·伊格拉斯在美国网球协会培养运动员的方法之一，在击球点较低时用于提高挥拍速度及手腕、前臂运动的灵活性。

据传该训练方法是拉法·纳达尔小时候最喜欢的方法之一。

关键细节：

- 教练员手抛球，连续、快速喂球，喂球位置逐渐由底线移动至网前。
- 运动员要不断调整身体位置，降低身体重心，保证在最佳击球点击球，且必须使用旋转，保证球能够越过球网落在界内。
- 教练员要强调加速挥拍、身体稳定性。
- 当教练员的喂球位置越来越接近球网时，运动员必须更多地使用手腕和前臂动作，施加足够的上旋。
- 教练员也可以变换喂球的高度，为运动员击球增加难度。

练习次数：

每组击球 8~10 次。

西班牙其他常见训练方法：

- 风速训练（快速影子挥动）。
- 实心球训练。
- 弹力带训练。
- 利用健身房——滑轮或滑轮组模仿底线击球训练。

专门的、系统的挥拍加速训练也许是西班牙对现代网球运动最大的贡献，其中最大的功劳非路易斯·布鲁格拉莫属，他用自己的远见卓识创编了许多经典的挥拍加速训练方法。

所有教练员、运动员、家长应该认识到挥拍加速训练对运动员达到最高水平、挖掘最大潜力的重要性。许多运动员并没有发挥出自己的最高水平，他们在回合击球过程当中球速并没有达到最快，因为他们没有接受过专门的挥拍加速训练。实际上，这仍然是当今网球教练员执教的一大谜团，尤其是美国网球教练员常认为挥拍加速不需要练习，也不应该教。

西班牙网球训练体系则注重运动员爆发力与挥拍加速训练，为运动员超上旋击球打好基础，尤其是正手超上旋击球。挥拍加速训练无疑是西班牙网球运动员达到世界顶尖水平的重要因素之一，挥拍加速训练应该作为常规的训练内容。西班牙挥拍加速训练的一个核心要素就是模块化与灵活性完美结合，这种简洁性和多样性使其很容易融入其他训练体系，或者通过改编进行私人定制。

第三章
耐心和稳定性

击球基本功扎实和不失误可以消除运动员紧张情绪，增强信心。

——路易斯·布鲁格拉

从其本质上来讲，网球运动仍然是一项比谁失误更少的运动。

——帕托·阿尔瓦雷斯

西班牙网球运动员以底线击球基本功扎实而闻名。即使在20世纪60年代和70年代以反手削球和正手平击球为主时，西班牙网球运动员依然击球失误很少，不会因为非受迫性失误而轻易给对手送分。现代西班牙网球运动员击球力量更大、上旋更强，但仍然坚持西班牙式网球理念：失误数量多少才是决定比赛胜负的关键，而不是制胜分。

这一基本理念是西班牙执教和比赛的重要组成部分，也决定了场上和场下的每一个训练内容安排。年轻运动员要有耐心，学会构建每一分，逐步奠定优势，水到渠成取胜，而不是追求快速破掉对手发球局。

当然，红土场地减慢了球速，为运动员多拍回合提供了保证。慢速红土场地比赛也凸显了运动员耐心、控制能力、稳定性等特质的重要性，受到教练员的重视。

美国高水平网球教练员的埃利奥特·特什尔（Eliot Teltscher）对西班牙网球运动员这种超强耐心和稳定性用一个词——击球耐受度进行了精确描述，这也是西班牙网球运动员的经典特征之一。

随着对西班牙网球传奇教练员布鲁格拉和阿尔瓦雷斯等研究的不断深入，以及参观西班牙网球学院之后，我认识到，击球耐受度训练不只是在红土场地训练时采用，而是所有网球教练员和网球学院教学时都会采用。西班牙网球运动员并不是天生就具备耐心与稳定性特质，都是经过积极的、系统的训练而获得的。

20 世纪 80 年代，路易斯·布鲁格拉和帕托·阿尔瓦雷斯发明了一系列关于网球耐心和稳定性的训练方法，这些训练方法也被其他网球教练员广泛使用。其实，西班牙网球教练员所发明的这些耐心和稳定性训练方法的使用已经遍布全世界，本章后面会做详细介绍。

西班牙网球运动员在很小的时候就不断地被灌输减少失误的理念，要有更强的击球耐受度。之后，他们就会参加大量慢速红土场地训练赛和正式比赛，进一步磨炼他们的耐心。

但未来几十年，这种类型的心理素质训练在西班牙可能也会发生变化。为了培养进攻性更强、打法更全面的运动员，西班牙网球学院建造了更多的硬地场地，这样西班牙网球教练员可能会重新调整训练理念。

在 20 世纪六七十年代，西班牙网球永不失误的精神曾被嘲笑为防守或保守，直到今天仍被许多教练员所诟病，西班牙网球运动员也时常被其他国家网球教练员和运动员戏称为“防守型网球运动员”。

在过去二三十年，西班牙网球教练员非常注重运动员底线击球力量与挥拍速度训练，上一章节已经做了详细介绍，如果还认为西班牙网球运动员是“防守型网球运动员”，那么就是无知的表现了。不可否认，西班牙网球运动员比赛风格仍然是以稳定和耐心为主，打出制胜分和强势进攻也不是其主要打法特征，但西班牙网球教练员在保证运动员稳定的前提下尽量提高挥拍速度，这与单一的防守型打法是有很大区别的。

“防守型网球运动员”通常指击球时减慢挥拍速度，除了等待时机并做出反应外，回球弧度较高，击球后回位到底线中点，没有太多战术变化的运动员。而现代西班牙底线防守型网球运动员的训练与此完全不同。

在西班牙，教练员强调击球的稳定性并尽力加快挥拍速度，倡导在不失误的基础上加强进攻以控制球，利用势大力沉的回球将对手牢牢锁死在底线位置，调动对手全场飞奔，直至筋疲力尽。

西班牙大多数网球学院也安排运动员在硬地场地进行训练，训练运动员击球的进攻性。阿尔伯塔·科斯塔说：“所有青少年网球运动员都要在硬地场地进行训练，准确地说就是一半时间在红土场地训练，一半时间在硬地场地训练。

我们知道网球运动员在硬地场地训练非常重要，我们要培养的是全面型网球运动员，而不是红土型网球运动员。”

现代西班牙网球运动员的打法特征是：运动员抓住合适的时机通过大力正手击球与压迫性反手击球获取制胜分，必要时也可以和对手打持久战，因为他们具备底线连续 20 次回合以上的击球能力，只是在需要相持或防守的时候站位适当后移。由于具备耐心和稳定性，以及加速击球能力，所有在西班牙成长起来的网球运动员对底线击球都有极大信心。在无法打出制胜分时，西班牙网球运动员都有 B 计划。纳达尔、费雷尔和沃达斯科是现代西班牙网球运动员的典型代表，不仅底线具备强大击球能力，而且也具备突然加速击球得分制胜的能力。

“3C”理念

西班牙训练强调“3C”理念：控制能力（Control）、稳定性（Consistency）和专注度（Concentration）。布鲁格拉强调：“运动员底线基本功扎实、击球稳定，这并不意味着就是防守型网球运动员。在非常清楚自己击球不会出现失误，也清晰地知道这是自己的底线时，就会对自己充满信心。如果击球稳定，那么就不会输掉比赛。”

稳定性有助于提升运动员的信心。

西班牙网球教练员在培养运动员稳定性、控球能力、专注度和耐心时，其中一个最有效、最经典的方法就是每组击球重复次数远远超过美国正常水平训练的次数。例如，如果美国网球教练员训练每组完成1次、2次或3次击球，那么西班牙网球教练员训练每组完成就是10次、20次或30次击球，没有间歇或休息。

西班牙与美国网球训练还有一点明显差异，那就是西班牙每个训练场地同时安排2名或3名网球运动员，而美国训练营或网球学院一般每个场地会安排4~6名网球运动员。西班牙所有顶级网球学院每个训练场地只安排2名运动员。西班牙网球教练员认为每个场地2名运动员才能保证高质量训练，才能保证运动员每组击球重复20次以上。即使是西班牙网球训练体系的创建者路易斯·布鲁格拉和帕托·阿尔瓦雷斯也不会在每个场地同时安排4名及以上运动员，如果每个场地安排4名及以上运动员，在每组击球还要重复这么多次数的情况下，运动员等待时间就会过长。

西班牙部分天才型网球运动员训练以半私教形式为主。例如，每个场地2名运动员，1名运动员连续击球20~60次，另外1名运动员捡球，以保证球筐始终有球。

运动员可以更好地锻炼击球耐受度、专注度、耐力，运动与间歇的比例也较好掌握。

在参观西班牙网球学院之前，我从来没见过每个场地安排 2 名网球运动员训练的情况，从此我就坚持这种安排比例。即使在网球学院夏令营期间，我仍然坚持每个场地安排 2 名网球运动员。我们是美国少数几个夏季训练能做到这种安排的网球学院之一，因为大多数网球学院首先追求的是利润最大化，因此，每个场地尽可能安排更多的运动员。

美国通常在一个网球训练场地安排较多运动员训练，训练效率和频率与西班牙有较大差别，要保证运动员训练积极性，缩短等待时间，只能减少重复击球的次数。美国这种网球运动员和场地比例过高的安排，减少了运动员每组击球重复次数，也忽视了对运动员专注度和击球耐受度的训练。美国这种训练模式和节奏更强调的是短时注意和过早进攻，而不是耐心，这种训练导致运动员击球耐受度要求过低。西班牙长时间、有节奏的网球训练模式安排有助于训练运动员的稳定性、专注度、耐心，这是所有底线型网球运动员必须具备的品质，而不仅仅是红土型网球运动员需具备的。

美国与西班牙网球训练另一个有趣的对比是：西班牙网球教练员训练时通常会使用一个较小的球筐，能放60~80个球，很少会使用美国通常所用的能装下350个球的球筐。西班牙每个场地2名运动员，轮流捡球与打球，这种训练安排在用球方面会更节省，这一点与美国也不同。

路易斯·布鲁格拉向我解释说，每个训练内容持续较长时间，如击球20次以上，可以有效地训练运动员的专注度，如果每次只是打几个球，专注度肯定不会得到有效训练。因此，按照他的训练安排会打到更多的球，而不是2个、5个或6个。长时间、高强度的击球能有效训练网球运动员的专注度和耐心，这是击球耐受度重要的构成要素。

帕托·阿尔瓦雷斯训练有时候让运动员连续击球100次以上，且没有间歇。这看起来有些残酷，但对于训练运动员更稳定的心理素质则最有效。

这种训练更像是一场超强耐力的马拉松比赛，也确实训练了网球运动员的抗压能力和耐久力。这些都是西班牙网球教练员训练中比较看重的品质，本书第六章会做详细说明。

阿尔伯特·科斯塔说："我们培养心理素质更好的运动员，使运动员身体和心理都会变得更强大，如果你

阿尔伯特·科斯塔

是在红土场地或慢速球场长大，你就必须注重移动，这也是最重要的。”

在针对稳定性和控球能力的艰苦的多球训练之后，在慢速球场进行回合训练时，教练员仍然会不断地强调耐心、专注度、稳定性，以最快的挥拍速度击球，而不是压迫对手。

帕托·阿尔瓦雷斯 3×20 训练法

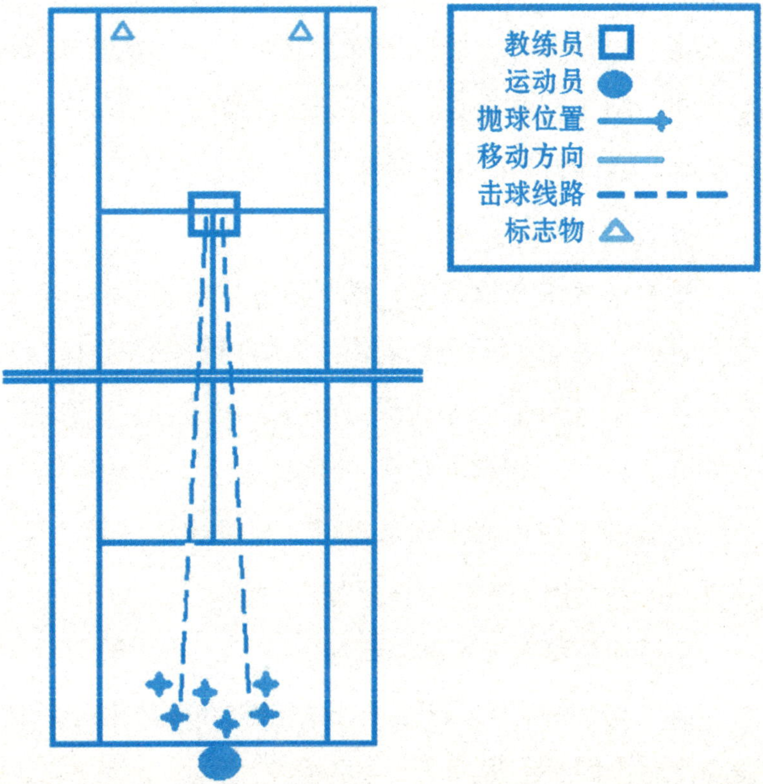

目的：

首先是训练运动员击球稳定性、准确度与控球能力、专注度，其次是训练运动员耐力、加速挥拍、步法、击球准备。这是多种“墙”训练的其中一种，在西班牙应用广泛。阿尔瓦雷斯在训练开始阶段培养运动员底线击球节奏，或作为赛前热身训练。

关键细节：

- 教练员柔和地截击，控制球飞行轨迹并将球击回底线附近，给运动员调整身体位置和加速挥拍的时间。
- 教练员截击将球回深，或者深浅结合，这有利于培养运动员“X”形移动步法，训练进攻和防守转换能力。
- 运动员在最佳击球点击球，即髋部和肩部之间的高度，保持身体平衡和击球姿势。
- 运动员每次加速挥拍击球。
- 运动员每次击球要打向教练员胸部或球拍的高度，避免将球击回教练员脚下，不要失误。

练习次数：

连续成功完成 3 组 20 次击球。如果运动员中间击球失误，从零开始计数。

路易斯·布鲁格拉模拟“墙”训练（回球随机）

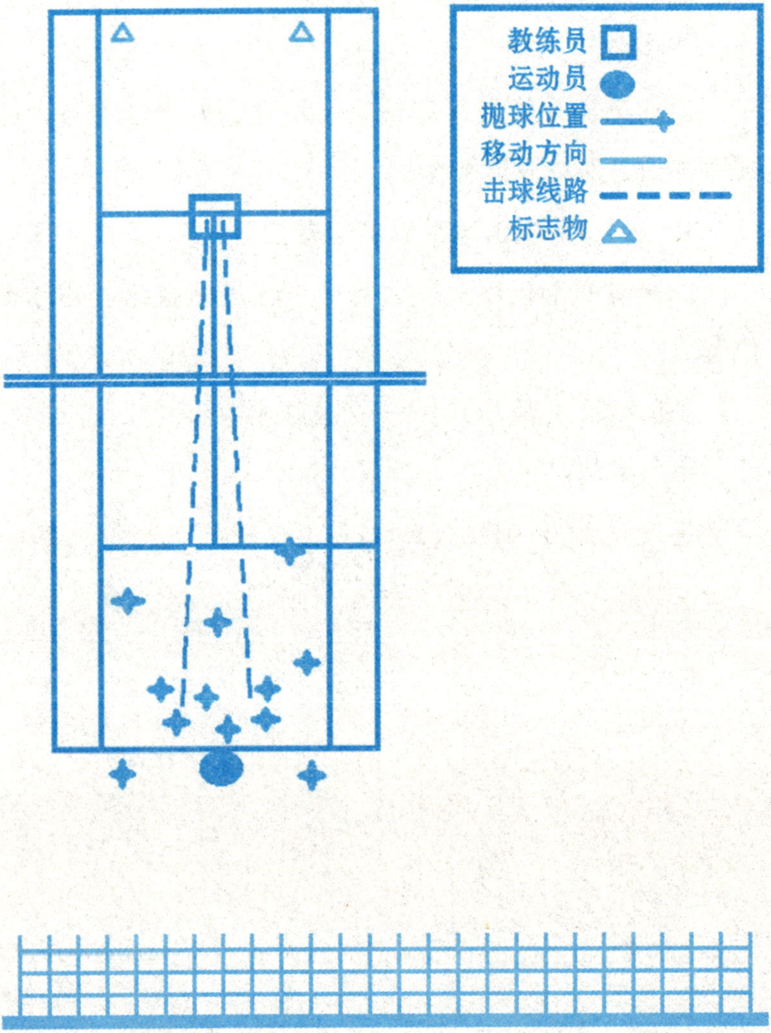

目的：

与上一个训练的目的相同。布鲁格拉截击喂球不规律，这样可以调动运动员全场移动。

关键细节：

运动员需要解读来球信息，快速做好身体准备，向来球移动时保持身体平衡。

- 运动员每次击球都要加速挥拍。
- 深度和准确度——运动员将球击回教练员的球拍位置。
- 运动员注意力集中——不要失误。

练习次数：

连续完成 20~100 次击球。

底线横向移动 20 次击球

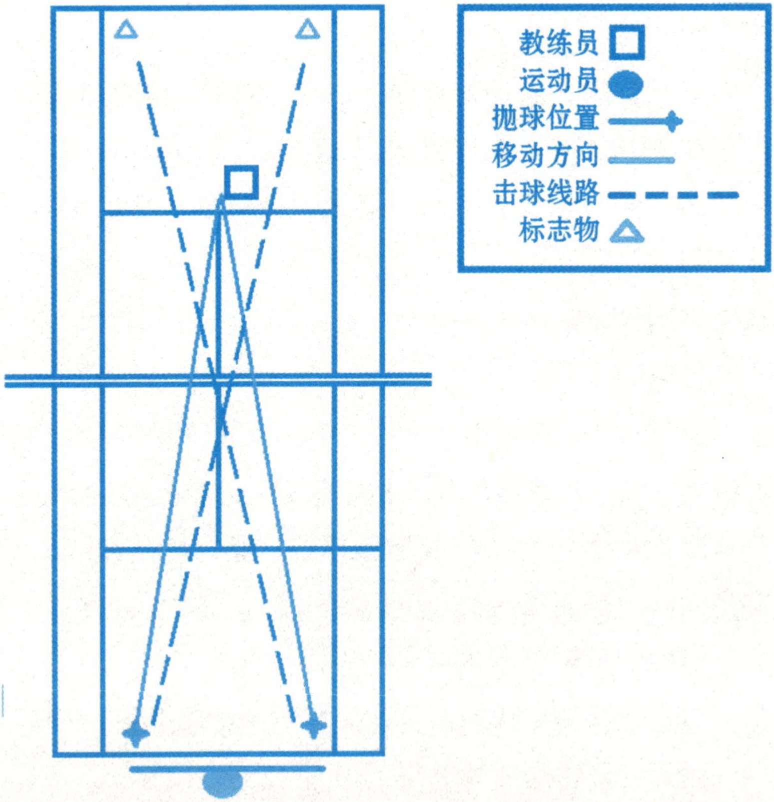

- 正手 / 反手
- 正手 / 正手
- 正手侧身攻

目的：

这是西班牙不同网球学院一个经典的、基本底线横向移动20次击球的训练方法。每组要完成20次击球以上，持续时间长、体能要求高，对运动员耐力和稳定性训练非常有效，是提高“3C”能力的有效方法，对培养运动员坚韧性也非常有益。

关键细节：

- 运动员大多数击球在底线深区完成，连续移动调整好身体位置，在髋部与肩部之间的最佳击球点完成击球。
- 运动员每次击球要加速挥拍，通过控制球的旋转和过网高度保证球回到安全区域。
- 教练员可以变化喂球的速度和旋转。
- 运动员需要快速回位，做好下次击球准备。
- 运动员击球不要失误。

练习次数：

每组连续击球20次，不要失误。教练员也可以根据运动员的水平自行设定目标，对高水平青少年运动员或职业运动员，可以设置为10~100次连续击球，或者更多。

斜线与直线回合训练

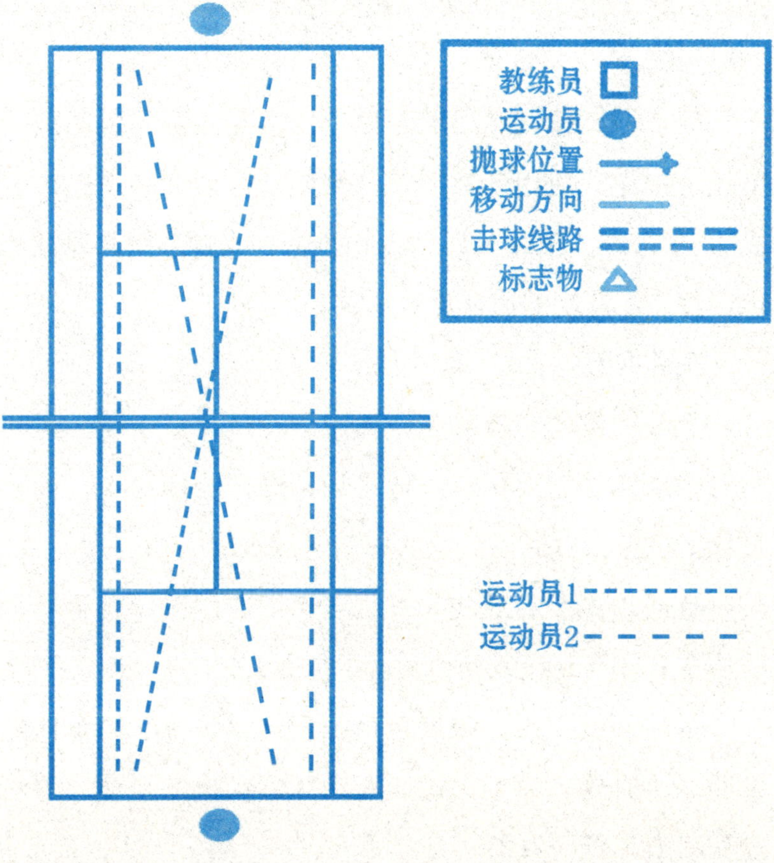

斜线与直线变化：

1- 斜线、1- 直线、2- 斜线、1- 直线、3- 斜线、1- 直线、2- 直线、1- 斜线，或者其他模式。

目的：

回合训练强调底线回合稳定性，在西班牙网球训练中较为常见，使用计数形式。例如，运动员必须连续完成 20 次击球，出现失误就重新开始，或者采用其他训练稳定性、专注度的回合计数形式。

关键细节：

- 教练员要积极参与，提醒运动员注意事项。运动员向来球移动时要保持身体平衡，做好身体准备，调整最佳击球点，然后以最快的挥拍速度击球。
- 回球深度和成功率是打多拍回合的关键，运动员要尽量将球回到底线两个角落的位置。
- 运动员要以高强度负荷完成这个训练，每个回球都要尽力奔跑，直到力竭，对训练运动员的自律、耐受度和耐力有较好效果。

练习次数：

每个运动员要连续完成 20 次击球，不要失误。教练员也可以根据运动员水平自行确定练习次数。

一名网球运动员在一个固定位置，一名网球运动员全场移动

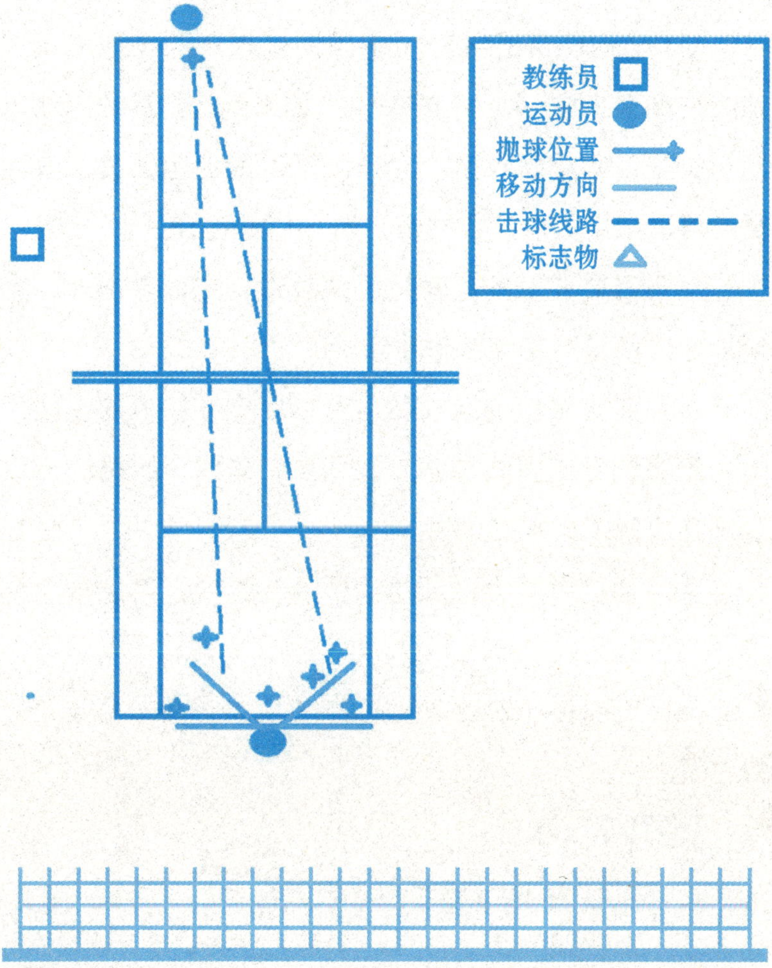

目的：

这是西班牙许多网球学院常用的训练方法之一，本训练有助于增强回合的稳定性和防守型回球。

关键细节：

- 1 名运动员必须努力将球回到规定的场地区域，连续击球至少 20 次，不要失误。如果跑动击球的网球运动员失误，则重新计数。对于水平一般的运动员，教练员也可以采用其他计数方法，如一共完成 10 个回合等。

- 不需要移动的运动员要调整最佳击球点击球，变换回球线路，不要打出制胜分。

- 不需要移动的运动员也可以固定在场地的左区，练习正手侧身击斜线球和直线回球，这两个线路的击球训练在西班牙非常受重视。

- 运动员要努力保证每次回球在界内，追赶每一个球，尽可能完成更多的回合。

- 在需要移动的运动员完成 20 次击球后，两个人交换位置。

练习次数：

连续完成 20 次击球，不要失误。

西班牙方法：培养高强的击球耐受度

耐心和稳定性是西班牙优秀网球运动员的标志性特征。西班牙网球教练员已经开发了一个训练体系，来培养网球运动员的耐心和稳定性，如本章根据这一训练理念所设计的一些训练方法。

前面所介绍的网球训练理念和方法可以很容易融入其他训练计划，网球运动员底线回球击球稳定性无疑会提高场上自信心，减少焦虑感。一名具备扎实、稳定、高耐受度击球的网球运动员也最有机会坚持到最后并获胜，即使在发球技术不奏效或者状态不好时也要坚持取胜，这也是西班牙网球训练的核心。

大力发球和进攻型网球运动员可以取得高水平比赛的胜利，但也会因为过于依赖发球和底线制胜分，导致比赛结果不稳定。在网球运动员具备大力发球和进攻能力的前提下，如果再具备底线稳定性，获胜概率会大大增加。当然，较好的防守能力训练在下一章会进行详细讨论。

第四章
防守

防守击球是基本的比赛能力，因为大多数来球都是可以击回去的。

——帕托·阿尔瓦雷斯

在橄榄球和篮球运动中，通常是“防守型球队会获得最后的冠军”。如果网球运动也是如此，那么西班牙通过培养运动员更好的防守能力，就找到了任何获得冠军的方法。

西班牙网球运动员都是防守大师，他们从小就开始培养耐心、稳定性和专注度，该内容在第三章已经做过介绍。除此以外，防守型击球能力训练也是不同水平网球运动员训练的重要内容。红土场地也是网球运动员需要具备超强防守能力的又一个重要因素，被誉为第二导师。与其他类型场地不同，红土场地降低了网球运动员大力击球的威力，网球运动员在被动情况下做好移动、防守和回位，因此在红土场地成长的西班牙网球运动员都练就了无与伦比的防守能力。那么，美国网球协会网球运动员开发部主管帕特里克·麦肯罗是否有意安排美国优秀青少年网球运动员在红土场地上训练呢？实际上，在纽约美国网球协会国家网球中心（比利·简·金国家网球中心），美国网球协会在废旧的停车场修建了4片红土场地，用于培养美国优秀网球运动员，主要服务美国东部最好的青少年网球运动员。美国也计划将来在全国修建更多的红土场地。

简而言之，防守就是向后移动击球，即在底线位置接对手较深的回球时向后移动。西班牙网球教练员一般要求运动员要退得更为靠后，以应对对手较深的大力击球。这可能与其他一些训练理念所强调的重点有所不同，比如有的训练理念强调上升期击球或者“死守在底线”绝不后退。

这种训练理念上的差异，在武术项目中也有一个相似的例子。谈起武术，其实我只是一个爱好者，有些类型的武术被称为“硬式”或“攻击式”武术，有些则被称为“软式”或“柔式”武术。日本的空手道和韩国的跆拳道就属于“硬式”武术，强调直接以力打力，相互碰撞。相反地，日本的柔道和合气道与巴西柔术则更多的是理念上的对抗，而不是直接的力量对抗。这些被称为“柔式”武术，不是因为它们不致命，而是因为它们更多地利用技术、杠杆和优势位置在搏击中取胜，不是直接用力。这类武术试图更有效地利用自己的能量，以及必要的时候借力还击。另外，西班牙网球方法与巴西柔术一样，也是强调通过充分利用能量，有耐心地布局控制对手。西班牙网球教练员会传授运动员在面对威胁时要向后退和放弃场上位置，由于这种习惯性的训练安排，网球运动员面对难度较大的回球时能够做到后退防守。

在西班牙，网球运动员不要求所有的回球都是为了占据场上位置，而是根据来球的深度、速度和旋转流畅地移动，调整场上站位，即不断地做出准确的预判，然后调整和移动，由防守过渡到相持，再由相持过渡到进攻，或者按照相反的顺序进行，这就是西班牙网球训练模式。

不同的场上位置

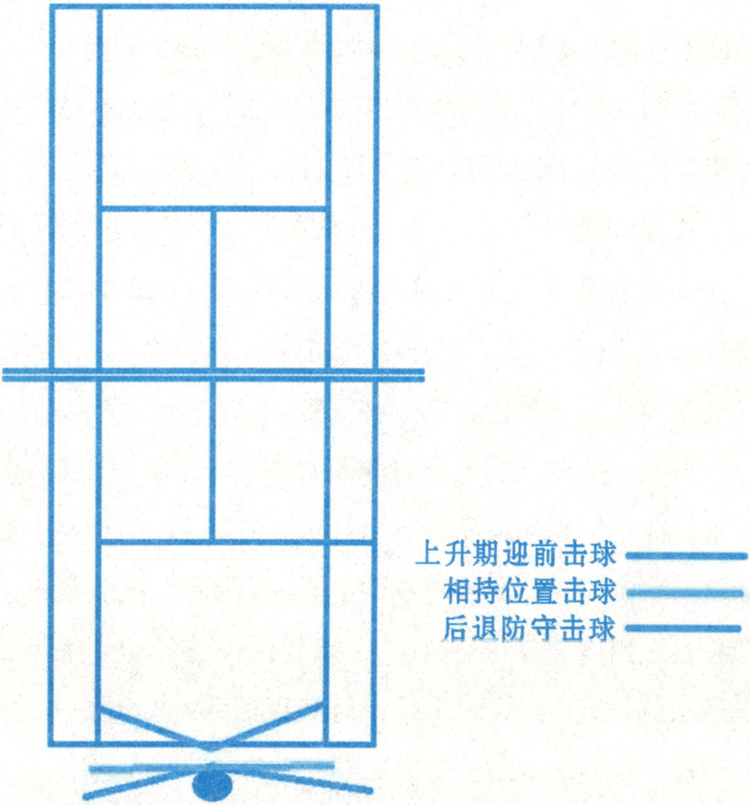

传统意义上来讲，西班牙网球运动员不习惯“迎前击球”。“迎前击球”是指站定位置，尽早击球，而不是后退到更有利的位置击球，直接以力击球。前面提到，西班牙网球训练更强调充分利用能量，在准备时间充分的情况下尽量选择后退击球，不会浪费能量“迎前回击”难度较大的来球，而是等到来球的力量变小，在底线较有利的位置有效完成击球（大力击球，保证过网高度和旋转）。西班牙网球教练员更重视恰当的“回球”，这也就是步法和移动在训练中如此重要的原因（详见第一章）。

参观布鲁格拉网球学院与桑切斯 – 卡萨尔网球学院时，你会发现教练员仍然要求运动员要向后移动进行常规性防守击球，不建议在球上升期时击球。传统意义上讲，在底线位置凌空抽击就是一种失败。

然而，一些现代的网球学院，如 CIT/FCT，学院负责人告诉我他们要求运动员要相对早一些击球，但也要求运动员必要时完成经典的防守型击球。实际上，据我观察，布鲁格拉网球学院和桑切斯 – 卡萨尔网球学院也训练运动员越来越靠近底线位置击球，而巴塞罗那网球学院则比其他网球学院要求运动员击球站位更靠前。

这是西班牙传统网球训练理念的一个进步，新一代网球教练员也在逐渐进行微调和升级。西班牙网球教练员非常了解他们的网球历史，也非常谨慎再被归为“红土专家”类别。现代网球教练员希望能够培养出全能型运动员，在不同场地都可以取得成功，而不仅仅是在红土场地。

因此，西班牙传统意义上的防守（消耗对手）与现代仍然强调的重视防守（消耗对手）还是有差异的，现代网球运动员场上站位更靠近底线，进攻更频繁，技术更全面。

就如布鲁格拉所说："经过这个训练体系培训之后，每一名运动员都具备了好的正手、反手、步法、控制能力，能够参加比赛，失败的概率就非常小。"西班牙传统的网球执教理念为西班牙的网球成功起到了很好的作用，但在现代网球打法中也许就没有那么奏效了。现在越来越强调运动员要具有进攻意识，打法要全面。

最近看到的另外一个例子就是，安迪·穆雷和西班牙传奇网球教练员帕托·阿尔瓦雷斯结束了合作。据报道，是安迪·穆雷认为帕托·阿尔瓦雷斯给他的建议和战略更多地侧重于防守和反击，而他需要一位能够给他更多关于积极上手和进攻的全能型打法的教练员。

西班牙式防守的关键

在西班牙，防守不是指简单地回球过网。大多数情况下，网球教练员会要求运动员做到"进攻型防守"，即加速挥拍击球，将球打向底线角落位置，扭转对手的攻势。这种进攻型防守击球的重要特点就是超强旋转、保持深度和穿透力，这种类型的回球不仅能够使西班牙网球运动员继续坚守这一分，而且能够使其摆脱不利位置，甚至是占据有利位置找机会发动进攻。

西班牙网球教练员通常强调处于防守位置时，要加速挥拍“猛打”来球的理念。即使处于防守且面对麻烦时，西班牙网球运动员也总是寻找机会占据场上有利位置寻求进攻。

实际上，西班牙青少年网球运动员与职业网球运动员都具备了扭转场上不利局面的能力，即由相持到防守，再到相持，最后到进攻的能力。在红土场地上进行的网球比赛更像是一场棋类比赛，每名运动员都在调动对手使之处于不利位置，寻找制胜一击，或者逼迫对手出现失误。

西班牙这种打法类型的网球运动员与美国和英国等以在快速球场打球为主的网球运动员形成了鲜明的对比。快速球场比赛不像棋类比赛，更像是射击赛，进攻与得分。在这种快速球场单一击球模式的训练体系下，很难培养运动员由后场到前场，由防守过渡到进攻，进行多次转换的能力，相反也是如此，简单的得分会比较多。西班牙网球多维训练体系的主要特征是运动员场上位置多变、战术灵活且多变，这都是红土场地网球运动员必备的能力，因此也就有了很多相关的防守与传统训练方法。

帕托·阿尔瓦雷斯防守型“V”形训练

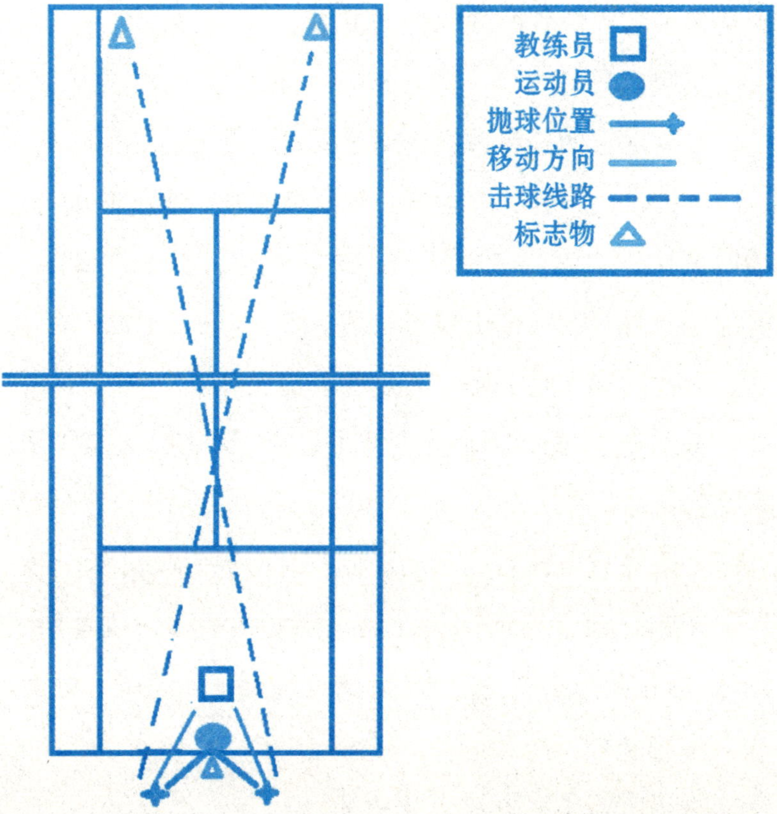

目的：

迫使运动员向后移动击球，应对弹跳较高的回球，锻炼运动员步法与调整身体位置的能力，训练运动员在极端被动防守位置时回深球的能力。

关键细节：

- 战术目的是将球回向对手深区，直线、斜线均可。
- 技术上来讲，运动员必须积极移动，通过滑步（帕托习惯性称之为双节奏移动模式）到位，保证在髋部与肩部之间高度的最佳击球点击球。
- 挥拍速度是关键，打出超上旋击球。
- 准备击球时运动员身体重心置于后腿，必要时向后跳起击球。
- 防守型击球后，运动员要及时回到底线位置。
- 帕托通常与运动员在同一侧场地喂球，或者用手抛球。球拍喂球通常速度更快，给运动员施加的压力更大。

练习次数：

每组击球 10~20 次，或更多。

路易斯·布鲁格拉应变训练

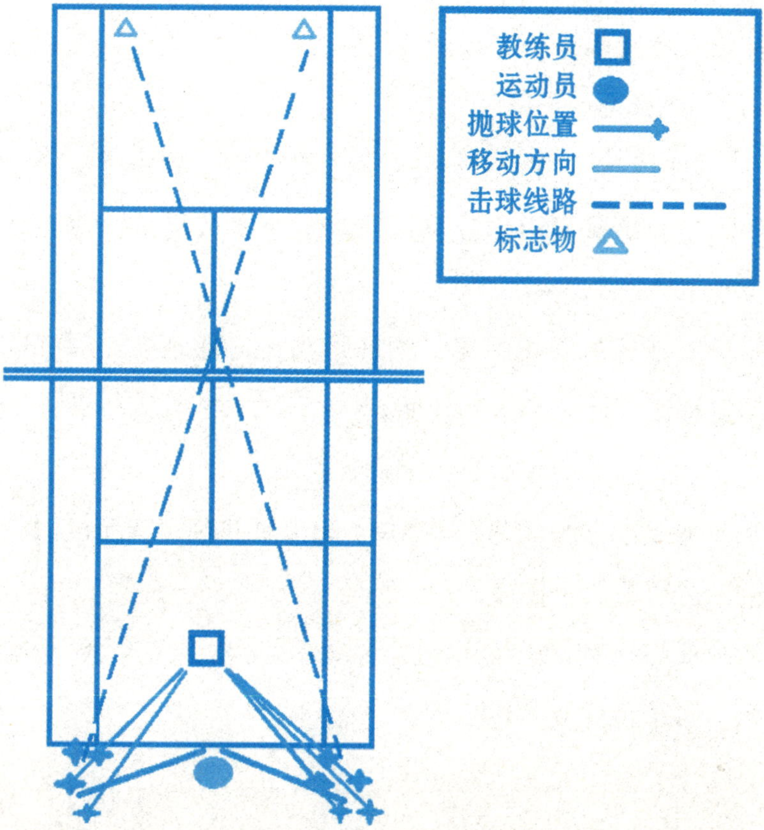

目的：

训练运动员向侧后方移动中击球的防守能力。一般情况下，西班牙网球教练员建议运动员向后移动，抵消对手进攻球的威力。

关键细节：

- 时间允许的情况下，运动员要求滑步到击球位置。
- 教练员可以单独训练运动员正手或反手，或者结合起来。
- 教练员随机喂球，增加运动员击球难度，训练运动员解读、反应和预判技能。
- 运动员击球后要积极回位。
- 战术方面，要求高弧度、超上旋深球至安全区域。
- 教练员手抛球。

练习次数：

每组击球 6~10 次。

西班牙经典“X”训练

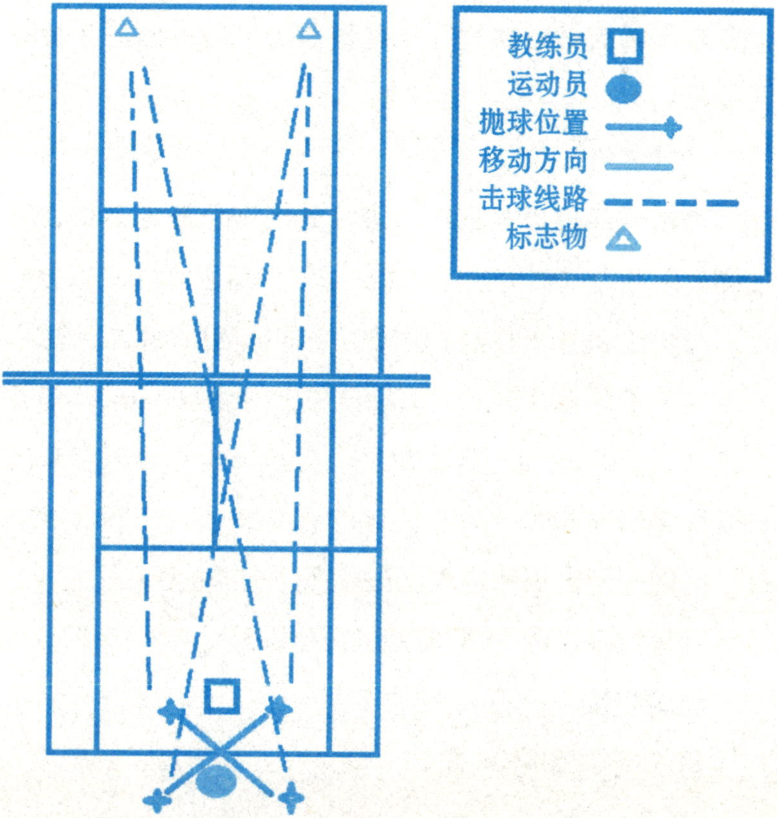

目的：

培养运动员的技术、战术、身体素质和心理素质。这个综合训练方法是路易斯·布鲁格拉与帕托·阿尔瓦雷斯常用的著名方法之一，也被西班牙其他网球教练员所采用。

关键细节：

- 教练员可以只训练由进攻到防守位置的击球，通过提高回球过网高度、上旋回深球抵消对手来球的威力。
- 步法和身体位置是防守时保证回球质量的关键。
- 从战术上来说，运动员可以改变移动模式，如斜线进攻，直线防守，或者相反。运动员也可以根据来球自己决定回球方式。
- 防守型击球和进攻型击球都注重挥拍速度。
- 保持好身体平衡和控制好身体姿态。

练习次数：

每组击球 20~100 次。

西班牙关于网球运动员防守能力训练的方法可以融入任何训练体系，即使是以进攻型打法为主的网球运动员也可以采用，能有效提高防守能力，在面对压力时，可以扭转局势，寻找机会得分。防守能力提升后，打法就更趋于全面，在面对高大、强壮的网球运动员的进攻时，也能够应对，甚至取胜。在面对善于变化的对手与形势不利时，也能够进行调整，获得更多分数，甚至取胜。

西班牙网球教练员都是防守能力训练大师。如果想提升网球防守能力、防守反击或者扭转局势，我建议使用西班牙网球训练方法，西班牙是目前全世界这方面训练做得最好的国家。你也许不需要有规律地安排防守能力训练，或者说也没有必要像西班牙那么重视防守能力训练，但我认为任何重视训练网球运动员扭转局势、防守反击或提升防守能力的网球训练方法或体系都会使运动员受益。不幸的是，许多国家忽视了对网球运动员防守能力的训练，这一点对运动员是非常有害的。

第五章
身体素质

只有极少数西班牙网球运动员身材高大，大多数网球运动员发球时速也难以达到200千米以上，因此必须加强其底线击球能力，练就更强的身体素质。此前，网球运动员90%的训练时间都在进行击球练习，之后才是跑步或功率自行车训练，然而现在的训练安排是50%的时间打球，50%的时间训练身体素质。这就凸显了身体素质的重要性。

——哈维耶尔·皮莱斯

（西班牙职业网球教练员）

西班牙网球教练员和运动员已经预知现代网球比拼的就是身体素质，只有身体强壮、移动迅速、体形匀称、爆发力好的网球运动员才能够获胜。西班牙网球教练员认识到只有先培养出身体强壮、移动迅速、耐力持久、不受伤的网球超级运动员，其次才能培养出世界级网球运动员。而包括美国在内的许多国家仍然以培养网球运动员为重点，而不是首先以打造一个优秀的网球运动员为前提。西班牙已经总结了挖掘网球运动员最大潜能的公式：首先培养运动能力强的运动员，其次培养网球运动员。这就是西班牙网球训练体系的组成。

20 世纪 80 年代，当大多数网球运动员仅仅是打打比赛且很少进行场下身体素质训练时，西班牙网球传奇教练员路易斯·布鲁格拉和帕托·阿尔瓦雷斯就预见了网球运动中身体素质训练的重要性。

像网球运动员伊万·伦德尔和吉姆·考瑞尔，长期由西班牙人乔·伊格拉斯担任他们的教练员，他们是最早重视身体素质的网球运动员，也向世界展示了具备超强运动能力对网球比赛取得好成绩的重要性。同时期西班牙网球训练也开始朝这个方向发展，对训练理念也进行了系统化调整，在这些方面西班牙都领先于其他国家。

塞尔吉·布鲁格拉

当塞尔吉·布鲁格拉在20世纪90年代早期成名时，他被公认为是网球巡回赛中身体素质最好的运动员之一，他可以像鹿一样奔跑一天而不知疲倦，他成为西班牙网球运动员新的榜样。帕托·阿尔瓦雷斯和路易斯·布鲁格拉在新的网球训练体系中融入了大量场外身体素质训练内容，这样的安排在现代西班牙网球学院的训练中也较为常见。

在我所参观的网球学院中，西班牙是唯一将每天场下身体素质训练与场上击球训练按约 1∶1 安排的国家。即使是在每年 11 月至 12 月休赛期 6~8 周的训练期间，西班牙网球学院也能按上述比例每天安排身体素质训练和场上训练。通常西班牙网球学院会安排 3~3.5 小时场上训练，然后安排 2~2.5 小时身体素质训练，主要有跑步、灵敏训练、拉伸、损伤预防训练等。

相比来讲，典型的美国式网球训练安排为 4~5 小时场上训练，约 1 小时身体素质训练，有时候这 1 小时的身体素质训练也是多余的，不会优先安排。

西班牙确实会优先考虑安排场下身体素质训练，这是西班牙网球训练体系的核心，如果网球运动员在一场比赛的后半段不能够做到没有伤病且体力充沛，就无法取得比赛胜利，尤其是在红土场地上。

一、赛季前训练

在我所参观的西班牙网球学院中，以培养职业运动员为主的网球学院都有完整的赛季前训练计划，通常在11月和12月，持续6~8周，为新一年的ITF巡回赛和1月份的澳大利亚网球公开赛青少年比赛做准备。

在赛季前的准备期间，第1周和第2周运动员基本不安排击球训练，主要安排3~4小时的跑步、健身或损伤预防内容。剩下的几周，每天会安排1~2小时场上击球训练，也会安排场下大强度身体素质训练。这种训练形式每年至少1次，网球运动员全部的注意力会集中于如何预防伤病，如何使身体变得更强壮、移动更迅速、耐力更强。从青少年阶段开始年复一年，我认为这种大周期的安排非常重要，可以有效预防伤病，更长时间地保证网球运动员提高成绩。

在美国，多数网球学院、网球教练员和顶尖青少年网球运动员不会给予身体素质训练和伤病预防同等的重视。我认为美国已经为伤病和成绩两者之间的平衡付出了沉重代价。据我所知，几乎没有国家会为排名靠前的青少年网球运动员安排6~8周的时间单纯用来进行预防伤病和身体素质训练。如果我们这样做，那么就会比目前的状况好得多。就以我自己为例，作为高水平网球教练员，虽然我已经培养出好几位全国排名前10的网球运动员，但是直接经验告诉我这样做非常困难，甚至是不可能的，更难说服美国的家长让孩子花这么长时间进行身体素质训练。这也许就是美国青少年网球运动员伤病像流行病一样重复出现的原因之一。比赛很多，美国青少年网球运动员没有充足的时间进行伤病恢复和身体素质训练。

美国应该有更多的赛事间隔，更好地做好赛季前的准备，美国青少年网球运动员要停止击球训练，在健身房进行身体素质训练，此外，预防伤病也非常重要。

二、伤病预防

移动更快、身体更强壮、耐力更好对网球运动员来说十分重要，但是西班牙更注重伤病预防，会非常认真地进行康复训练。

知名的体能训练师帕特·埃切伯里（Pat Etcheberry）说："场下训练的一个重要目标就是伤病预防，而不是提高成绩。伤病预防永远是重点。"我认为西班牙网球教练员和体能训练师都认同这一观点，每年都会认真地进行伤病预防，西班牙要比其他国家更重视这一块。

在西班牙，网球运动员通常每周都会进行场上击球训练，通常在15~20小时，比其他国家网球学院场上训练时间少，但他们会进行5~15小时伤病预防和身体素质训练。

这一独特的训练安排使网球运动员在比赛中不会出现过度训练的状况，很少会出现重复性伤病，更容易抵抗疲劳，在比赛中关键的第三盘或第五盘还能够保证充沛的体能。

三、挥拍速度与爆发力训练

就像西班牙网球教练员场上热衷于挥拍速度和爆发力训练一样，体能训练师通常也会在健身房和场下训练中安排这方面的内容。

西班牙有许多优秀的网球体能训练师和理疗师，他们有与高水平职业网球运动员合作的经历，只有熟练掌握运动科学相关知识才能够胜任这一工作。

在布鲁格拉网球学院，经验丰富的网球职业体能训练师萨尔瓦多·索萨（Salvador Sosa）多年前就职于网球职业巡回赛，曾与艾利克斯·克雷特加（Alex Corretja）、伊万·柳比西奇（Ivan Ljubicic）、安德鲁·高登西（Andrea Gaudenzi）等合作过，为网球运动员制订专业的训练计划。这类专家也是西班牙网球训练方法和体系的重要组成人员。

西班牙网球体能训练师也会注重挥拍速度与爆发力训练，通常使用绳索、弹力带、实心球或其他新设备，例如皮带轮。西班牙网球体能训练师团体始终走在世界的前沿，引领世界多国网球身体素质训练与伤病预防理念与方法的革新。许多网球体能训练专家也服务于其他项目，如西班牙另外一项非常流行的运动——足球。西班牙整体的运动氛围也为优秀体能训练师的发展提供了平台。本章最后会介绍几个基本的场下挥拍速度训练方法。

四、耐力训练

耐力训练也是西班牙网球训练的组成部分。当世界上其他地方认为长跑训练对网球运动员无效，并逐渐摒弃时，我所参观的许多西班牙网球学院仍然将跑步作为常规的训练内容，只是有些网球学院不注重跑步的距离，而是间歇跑。

在布鲁格拉网球学院，跑步仍然是一个常规的训练内容，每周安排 1~2 次。网球运动员通常会在附近的山上跑步，训练耐力和毅力。这些都是耐受度的重要构成要素，在下一个章节会详细讨论。

在巴塞罗那的桑切斯 - 卡萨尔网球学院，网球运动员每周都会进行跑步训练，位于瓦伦西亚的 TennisVal 网球学院也是如此。经常会迎面碰到在外面跑步的网球运动员，这种景象真令人吃惊。

西班牙网球教练员认为跑步有助于锻炼心肺功能，这是红土场地取胜的重要条件。更重要的是，我认为西班牙网球体能训练师通过长跑锻炼网球运动员的精神耐受度，即意志力。这也是西班牙网球训练体系的重要组成部分。

步法通常在场上训练（详见第一章），在场下网球教练员一般会用绳梯、标志物等训练网球运动员的灵敏性和协调性。这种训练并非西班牙独有，在全世界的每一个网球学院都可以看到。场上步法和移动训练（详见第一章）才是西班牙网球训练体系的真正秘诀所在。

西班牙网球训练体系与其他体系的最大区别就是训练内容安排的优先顺序，训练的超量安排（每周安排更多的时间），关注伤病预防、耐力，尤其是挥拍速度。

场下训练的一些方法：

- 阻力带训练。
- 实心球训练。
- 反向滑轮与滑轮组训练。

- 使用球拍、加重球拍或 Etch-Swing 挥拍设备进行快速挥拍训练。
- 每周 1~2 次耐力跑和心理坚韧性训练。
- 山丘跑步，陡峭的山坡对心理和身体挑战更大。

体能与身体素质训练是将西班牙各种因素组合在一起的黏合剂。没有运动能力基础，比赛失误就会增多，网球运动员就会失去专注度和耐心，甚至不能够支撑长时间、艰苦的比赛，西班牙式的打法类型就不会成功。

所有的网球教练员、运动员和家长都可以从西班牙关于身体素质、耐力、伤病预防、挥拍速度训练中得到启发，伤病预防领域就是没有受到足够重视的领域之一。定期进行肌肉骨骼系统伤病扫描和专业的康复训练对网球运动员的健康和成功非常关键。耐力对于任何打法类型的网球运动员都很重要，对于防守型打法的运动员尤为重要。

同样，不管什么打法类型，加快挥拍和手臂速度都至关重要。场上的加速挥拍训练第二章已经详细介绍了，网球运动员也可以在场下加强手臂加速挥动训练。

将伤病预防、耐力训练、加速挥拍训练这 3 个内容融入网球训练计划，你一定会从西班牙网球训练的秘诀中受益。

第六章
耐受度

要想比赛打得更好，运动员需要具备一定的耐受度。

——帕托·阿尔瓦雷斯

在参观完一所又一所的网球学院，访谈完一个接一个的网球教练员后，我惊讶于他们一遍遍地强调同一个训练原则——耐受度训练的重要性。

耐受度在西班牙包含3层含义，即心理坚韧性、毅力和拼搏精神。这是西班牙网球文化的一部分，在红土场地上每一个年轻的西班牙网球运动员都要学会战斗和提升耐受度，即永不放弃。拉法·纳达尔也许比其他网球职业运动员更能诠释这一点，因为他享受这种耐受度训练。如果你的对手是一位西班牙网球运动员，你可能会比对方高大强壮，但你要知道你们的比赛将会是一场缠斗，西班牙网球运动员不会束手就擒或者主动放弃。

不管是在网球训练还是在比赛中，教练员都要求运动员做到乐于接受耐受度训练。阿尔伯特·科斯塔说："我所要做的就是要让他们知道每天都要有所不同，如果某一天达到了自己承受的临界点，那么第二天他们就需要更进一步。在我是运动员期间，我就是一名'战神'，我知道自己具备很好的网球能力，但每次训练我仍会努力达到自己能力的临界值。在你每天踏上球场的那一刻，你就必须要有所改变，尽力去提高某项能力。"

西班牙网球运动员既要成为一名"战神"，也要成为一名谦逊的运动家。坚韧、谦逊、正直是西班牙网球运动员的典型特征。

乔·伊格拉斯在场上就是一名"战神"，他认为能够忍受和迎接战斗的精神是"战神"的重要品质，而美国青少年网球运动员则缺乏这些宝贵的品质。实际上，美国网球协会已经选派了一批优秀的网球运动员来到巴塞罗那网球学院接受训练。这是一所很好的网球学院，运动员主要是接受西班牙方式的网球耐受度训练。

西班牙网球教练员会非常认真地告诉我如何提高网球运动员耐受度。西班牙人在训练网球运动员耐受度方面确实非常认真，并设计了一系列训练方法来激发网球运动员的勇气和战斗精神。布鲁格拉的训练理念就是："如果运动员不愿意承受艰苦训练，没有牺牲精神，那就不可能成功。"当我询问他是如何帮助网球运动员做到这一点的时候，他告诉我："强迫他们这么做。"布鲁格拉建议网球运动员每天训练 4~5 小时，使其在身体和心理方面都达到极限。布鲁格拉向我推荐了很多训练方法，他说："难度应一次比一次大，一次比一次大，对于教练员和运动员来说难度越大，结果就会越好。"

持续时间长、经典的西班牙网球训练方法就是每组完成 20~60 次击球或者更多，没有间歇，这就是西班牙网球教练员训练运动员具备自律性和永不放弃的方法。在你打到第 30 个球时腿已经发软，上气不接下气，但你知道后面还有 30 次击球等待你来完成，这个训练方法对于提升网球运动员耐受度比我所知道的任何方法都有效。

尽管有些网球教练员也能做到让运动员完成 5~10 次击球就达到最大强度，但耐力训练需要完成 20 次以上的击球效果才更好，更能够锻炼心理坚韧性，这也正是西班牙网球教练员所期望的训练形式。

当然，在西班牙跑步和健身（详见第五章）是另外一种锻炼耐受度的重要方法，长跑和爬山确实能够模拟法国网球公开赛五盘大战给运动员带来的痛感和耐受度。

网球运动员从很小开始，就需要在训练和健身锻炼中、与慢速红土场地的比赛中，学会网球比赛就是战斗到最后一刻，永不言弃，通常就是耐受度训练。渐渐地，耐受度就成了西班牙网球运动员的一种生活方式，他们有巨大的勇气面对长时间、艰苦的比赛。

我很想知道：这种耐受度是否与西班牙文化有关？西班牙网球是如何与耐受度联系到一起的？于是我咨询了许多西班牙网球教练员，其中埃米利奥·桑切斯（Emilio Sanchez）明确地提到西班牙遭受了几十年极权主义压制，也许与这个背景有关。

许多网球教练员也提到红土场地教会的耐受度是运动员获取比赛胜利的必要条件。一位朋友向我推荐了西班牙画家戈雅（Goya）的作品，苦难一直是他作品的主题，也许中间有一些文化的链接，难道这就是受虐主义哲学历史的基础？我不知道正确的答案，但是耐受度确实是描述西班牙网球运动员在比赛中心理坚韧性最贴切的一个词。

当我问卡洛斯·布鲁达（Carlos Boluda）的前教练员佩德罗·里科（Pedro Rico）为什么西班牙网球运动员更乐于接受这种苦难训练时，他说："不，他们不是愿意接受，而是热爱苦难训练。如果他们训练结束离开球场时，鞋子、袜子，甚至是因为摔倒浑身都沾满红土时，说明他们训练尽力了，他们就会非常兴奋。"战斗精神和乐于接受苦难训练是西班牙网球运动员心理品质特征。

耐受度训练方法：

- 帕托·阿尔瓦雷斯连续 100 次击球训练。
- 斜线和直线击球——最早的耐受度训练方法。
- 环山跑。
- 台阶跑。
- 5 英里（8 千米）以上或 30 分钟长距离跑步。

网球教练员、运动员和家长可以从西班牙网球耐受度训练方法中得到启发。更重要的是要认识到场上和场下的耐力训练还是有巨大价值的，可以培养心理坚韧性和专注度，而不只是对身体素质有明显的改善。

近些年，各种形式的网球耐力训练逐渐变得过时，取而代之的则是模拟比赛休息与击球的间歇比例安排短冲刺训练。网球体能训练师认为过多的耐力训练会使网球运动员移动速度变慢，增加肌肉中的红肌纤维。但是西班牙多年成功的训练证明这种担心是多余的，持续时间较长、距离较长的训练形式对网球运动员来说仍具有非常重要的价值，无论是对于身体素质训练来讲，还是对于心理素质训练来说，影响大都如此。

网球教练员、运动员和家长可以开发一套有价值的素质训练系统，强化以下几种心理品质：

- 自律性。
- 耐受度。
- 坚韧性。
- 战斗精神。
- 专注度。
- 疼痛耐受性。
- 运动家精神——尊重他人、谦逊、团队协作。

第七章
西班牙传奇教练员及其影响力

在我犹豫是否称路易斯·布鲁格拉和帕托·阿尔瓦雷斯为西班牙“网球之父”时，路易斯明确地告诉我不要用这种称谓来描述他的影响力。但经过多年的采访和研究之后，我越来越清晰地认识到两位教练员所开发的这套训练体系对西班牙“无敌战舰”在20世纪80年代晚期和90年代的崛起多么重要，他们对西班牙网球教练员培训体系也影响深远。

路易斯和帕托是我所采访的西班牙年龄最大的一代网球教练员，他们也是西班牙网球私人教练员执教模式的开拓者，他们在20世纪70年代离开国家网球协会开拓自己的业务，并且独立培养了一些顶尖网球运动员。

西班牙由以培养红土场地运动员为主发展成为世界上一支劲旅并不是巧合，而是因为在同一个时期这两位伟大的网球教练员开始采用新的训练体系培养西班牙有天赋的青少年网球运动员。

当他们所培养的网球运动员开始在西班牙和国际舞台取得巨大成功时，他们也得到了其他国家网球教练员团队的关注，尤其是积极进取的新一代网球教练员的关注。所有年轻的网球教练员希望学习他们持续培养出伟大的西班牙网球运动员的训练体系。西班牙国家网球协会也并没有置身事外，而是在西班牙国家级网球教练员培养课程中融入帕托和路易斯的经验。因此，全国范围的训练体系，借由这些伟大网球教练员的理念开始在西班牙不同的俱乐部普及，从南到北、从东到西，即使在今天仍是如此。

两位网球传奇教练员不仅培养有天赋的网球运动员，而且与年轻网球教练员分享他们的训练理念，这才是西班牙网球成功的关键所在。帕托和路易斯重新调整了西班牙网球训练体系，加上西班牙一代教练员的付出，西班牙已经形成了一种传统，从何塞·佩拉斯（Josc Perlas）到埃米利奥·桑切斯，再到何塞·伊格拉斯（Jose

Higueras），以及其他许多网球教练员，发展到今天仍然在传承。

一、路易斯·布鲁格拉

路易斯·布鲁格拉是一位富有创造性、充满智慧、有魅力、充满热情的网球教练员，目前他已经六十多岁了。他是巴塞罗那布鲁格拉顶级网球训练团队的负责人，这个团队在欧洲享有领导盛誉。

路易斯培养了 15 位以上的 ATP 排名前 100 的网球运动员，对青少年网球运动员和职业网球运动员训练都具有丰富的经验。最为大家所熟知的就是，他是 1993 年和 1994 年两届法国网球公开赛冠军塞尔吉·布鲁格拉的父亲兼教练员，塞尔吉最高排名达到世界第三。塞尔吉所取得的卓越成就也助推了路易斯更快地成为西班牙顶级网球教练员。他也帮助了不计其数的对他的训练体系和方法感兴趣的西班牙网球教练员。因此，路易斯对西班牙网球走向世界舞台的作用是无法估量的。

路易斯努力开发了一个训练体系，他认为可以帮助优秀网球运动员成长为职业运动员。他说："美国有 2000 万网球运动员，而西班牙总计只有 11.5 万网球运动员，但是ATP排名前100位运动员中西班牙有25人之多，占25%，这令人难以置信。此外，西班牙还以每年2人的速度递增，这就充分证明西班牙网球训练体系的有效性。”

路易斯·布鲁格拉和帕托·阿尔瓦雷斯在20世纪80年代的执教中发挥了重要的作用，推动了西班牙网球在世界舞台获得了巨大成功。阿尔伯特·科斯塔说：“他们是私人网球学院和私人教练员模式的开拓者，他们开始与运动员一起旅行参赛，这是与之前训练模式差异最大的地方。在俱乐部训练，我们都有训练师，但并不是教练员。从这一点来讲，我认为每个人都应该意识到我们需要创办私人网球学院，并且与运动员一起旅行参赛。”

路易斯监督布鲁格拉网球学院的所有训练工作，同时还承担土耳其网球协会的主教练员工作，帮助土耳其开发一个训练体系，帮助土耳其网球运动员在职业网坛获得成功。路易斯还在努力地将他的西班牙网球训练体系引入中国。

路易斯的训练理念简单明了，即网球运动员要付出努力且要有正确的、积极的训练态度。他的运动员每天在场上训练3~3.5小时，在健身房训练2小时。路易斯努力使运动员每天保持对网球训练的新鲜感和饥饿感，并避免运动员过度训练。路易斯是第一位提出身体素质训练与网球训练同等重要的教练员。在路易斯安排的训练中，每周额外的身体素质训练（一般是其他网球学院的两倍），以及减少场上训练时间，有助于预防运动员过度训练和因过度疲劳产生的伤病。

他强调训练的整体性，包括运动员生活的方方面面，涵盖且平衡好技术、战术、身体和心理素质，这样才能确保成功。路易斯是一位网球心理学专家，曾经在巴塞罗那一所大学做过关于运动心理学的讲座。路易斯的支持者之一费尔南多·卢纳（Fernando Luna）高度赞扬路易斯关于运动员动机激励的技术，他说："路易斯是一位优秀的心理学家，他认为你每次都能获胜，他将这一想法传递给你，他想尽各种方法帮你进步，这一点非常非常重要。"

拥有作为一名父亲兼教练员的丰富经验，路易斯对高水平网球运动员的训练见解独到。布鲁格拉网球学院以其友好的居住和训练氛围而闻名，提供家庭般的关怀，很好地平衡了生活和训练，路易斯将所有运动员当作自己的孩子一样来对待。

他的两个教学原则是：第一，每天都做到最好不太可能；第二，状态不佳时学会如何取胜尤为重要。基于此，他创建了训练体系，他认为：“对于所有人来说，每个人都是一个普通人，都会存在状态好与坏的状况。”

路易斯还是一位非常直观的教练员，教学过程中经常采用有效的提问和启发式教学方法，即间接性或暗示的执教方法。例如，路易斯不会直接纠正运动员的错误动作，而是喜欢采用启发式教学方法，帮助运动员找到适合于他们自己的学习正确技术动作的方法。路易斯通常会对他的教练员讲：“不要直接告诉运动员什么地方做得不对，找到正确的训练方法来帮助他们。”路易斯认为运动员通过自我发现和“感知”所学到的技能会更牢固。他认为应做到不只是让运动员思考，更要让他们感知。

路易斯从不担心给运动员施加压力，但他坚持认为采用积极的方法去激励运动员训练才是最好的方法。路易斯所设计的训练体系是布鲁格拉网球学院的训练命脉，学院所有的教练员采用路易斯的方法训练运动员。当然，教练员也有一定的自由度，可以根据不同时机选择适当的训练方法。布鲁格拉网球学院所使用的所有训练方法都起源于路易斯，这些方法构成了学院的训练核心。

在前面的章节已对路易斯的一些训练方法做过讨论。实际上，路易斯的许多训练方法已经在西班牙广泛应用，以至于都被简单地认为是“西班牙网球训练方法”。

路易斯认为，年轻运动员最需要提升的是竞争精神。与许多西班牙网球教练员一样，路易斯对技术动作细节并没有那么苛刻，只要运动员击球都完成得很好，他不会去纠正握拍和挥拍。在布鲁格拉网球学院，更多技术性训练主要是加快挥拍速度、步法训练以及微调技术动作，而不做太大的改变。他说：“力量不是最主要的，挥拍速度才是。”

技术方面，路易斯更关注网球运动员击球时手和球拍的动作，其他挥拍阶段他并不会优先关注。他坚持认为网球运动很容易掌握。他说，网球运动可以“轻易”掌握。在击球时，路易斯希望运动员做到球拍和手臂充分伸展，挥动手臂击球，打向目标。路易斯称之为“穿过击球线路”，路易斯希望做到最快的鞭打动作，获得最快的挥拍速度。

如果你曾看过路易斯的儿子塞尔吉打球，你就会明白路易斯深谙如何加快挥拍速度。塞尔吉不属于身材高大型网球运动员，大概 6 英尺（1.83 米）高，偏瘦，但他能够打出很重的回球。他的击球转速纪录在职业网球圈保持了很长一段时间，直到拉法·纳达尔更为强大的正手出现。路易斯确实有一些训练挥拍速度的有效方法，这不足为奇，在第二章已经做过详细说明。

路易斯网球训练体系另外一个关键内容就是“直觉智能”，他认为所有运动员都必须掌握，有助于提升场上的比赛成绩。对于路易斯来说，“直觉智能”必须通过培养运动员的自然本能和开发网球运动员的潜意识来解锁，使其成为运动员的内化行动，这样运动员才能在激烈的比赛中，靠本能反应做出变化，而不是机械地或者有意识地应对比赛。这也正是路易斯在训练中经常采用启发式和暗示式教学方法的原因，他认为这种教学方法比任何其他教育学所提到的方法在培养“直觉智能”方面都更加有效。他说：“当像安迪·罗迪克这样的网球运动员将120英里/时（193千米/时）的回球打向你时，你需要足够好的‘直觉智能’才能有效地完成回球。”

路易斯说：“我努力培养这样一种类型的运动员，即能够自我做出决策的运动员，而不是需要教练员告诉他如何比赛的运动员。这样，就能真正让运动员不断成长。如果你强迫运动员仅按照你指定的战术模式比赛，这样就不能培养他们的‘直觉智能’。因此，对于我来说，训练体系中我引入了很多变化。”

路易斯认为，底线击球稳定性是成为顶尖网球运动员的关键。他是首次将每组击球重复次数增加的教练员之一，帕托也是如此。例如，每组击球重复20次以上，以提高运动员的耐力和专注度，这样稳定性才能更好。如果没有较好的、稳定的底线击球，在高水平比赛中运动员就会缺乏自信，无法发挥出最佳水平。按照他们的观点，底线击球缺乏稳定性最终会导致场上产生紧张情绪。与西班牙所有网球学院一样，底线技术训练也是布鲁格拉网球学院每日训练内容的核心。

在对路易斯进行长期研究之后，他激励运动员训练动机的能力给我留下了深刻印象。同其他伟大的网球教练员一样，路易斯也是一名动机激励大师，他非常善于与运动员沟通。路易斯说“鼓励”是一个教练员应该给予运动员的最重要的东西之一。通过鼓励和良好交流激发运动员的训练动机，使其建立自信，是路易斯·布鲁格拉高度重视的事情，并且表现出色。

他说：“不要讲太多，也不要思考过多，做就行了，直到形成自动化。这就是‘直觉智能’。保持积极的态度，永远不要说不可能和不行。同样给予运动员足够的时间自悟也是非常重要的。因为，即使你认为你所想的和他们需要达到的非常简单明了，你也需要给他们时间进行‘尝试’。”

路易斯前弟子、排名曾达到ATP前30位的费尔南多·卢纳说：“路易斯·布鲁格拉是我多年的教练员，我从他身上学到很多很多好的东西。我认为路易斯是世界上最好的教练员，在我结束职业生涯时，我跟随他开始教练员生涯。”

稳定性、积极态度、挥拍速度、移动与平衡、工作准则、运动能力发展、技术和战术自动化、鼓励是路易斯网球训练理念和体系的几个核心要素。这些要素再加上教练员的热情，以及对优秀网球运动员的承诺和全面发展，会使你成为一名对西班牙网球的发展起到不可估量作用的超级教练员。

二、帕托·阿尔瓦雷斯

帕托·阿尔瓦雷斯是西班牙网球传奇教练员之一，他和路易斯·布鲁格拉一起，在西班牙网球训练体系的发展中发挥了重要的作用，为西班牙“无敌战舰”铺平了道路。在未来网球教练员需要遵守的许多规则制定方面，他发挥了主要作用，现在被称为“西班牙式网球训练”。

帕托原籍南美，在拥有一个世界级的职业生涯后来到西班牙，在网球职业巡回赛中他与顶级网球运动员过招（他说“前十名”，尽管当时并没有官方的前十名排名）。他参加了所有大满贯比赛，并与同时期最优秀的网球运动员同场竞技。

职业生涯结束之后，他于20世纪70年代开始与西班牙网球协会顶级运动员一起合作，那时他与路易斯·布鲁格拉和隆·蒂利亚克一起成为西班牙最早的网球私人教练员。

帕托培养了许多西班牙顶级网球运动员，如埃米利奥·桑切斯和塞尔吉奥·卡萨尔。他专门训练15岁及以上青少年网球运动员，为他们进入网球职业巡回赛做好准备。帕托曾与顶尖运动员格里格尔·迪米特洛夫一起工作，并且陪伴安迪·穆雷一起旅行参赛并对其进行指导。帕托所设计的这套训练体系目前在桑切斯－卡萨尔网球学院使用，这所网球学院在西班牙乃至于全世界都久负盛名，如果他没有在巡回赛陪伴运动员参赛，那么在桑切斯－卡萨尔网球学院的训练课上你就可以看到他的身影。

我有幸学习并观摩了帕托的场上训练课。他是一位充满智慧、幽默、和蔼可亲、有魅力的教练员，他看起来可能有点儿古怪，但当他说话的时候眼睛里会闪烁着光芒，这是在告诉你他是一位非常严肃认真的人，并且准备与你分享他独到的知识，也许这是西班牙网球成功的秘诀。

帕托知名弟子、前 ATP 网球运动员塞尔吉奥·卡萨尔解释说："在帕托之前，西班牙没有教练员重视多球训练。帕托设计了许多涵盖范围较广的训练方法，有技术的、战术的，并将其融入整体训练。这套训练体系就是要培养运动员在场上方方面面都做得更好。"

帕托用这些训练方法培养运动员的忍耐力。他的训练强度非常大，以至于运动员经常由于疲劳瘫倒在地。帕托被认为是最严厉的教练员之一，他因在训练课上经常使运动员精疲力竭而出名。

帕托的一些训练方法在本书的前面章节已经做过介绍，更多的训练方法则在他的《网球大师》（*El Gurudel Tenis*）中可以看到。帕托在他的执教生涯中已经创建了数百个训练方法，但其中有一些成为他最喜欢的训练方法，这也是他的运动员每天训练的内容。如果你曾去过位于巴塞罗那的桑切斯－卡萨尔网球学院，你就会看到帕托所设计的许多训练方法，正是这些训练方法帮助西班牙职业网球运动员在世界网球舞台走向巅峰。

卡萨尔还告诉我，帕托是他所认识的最敬业的教练员之一，工作时间很长，早来晚走。他是一个充满激情和关怀的教练员，他对运动员全身心投入，像对待自己的家人一样对待运动员，这也许是伟大教练员的一个共同特点。

帕托以其训练方法而闻名，这些训练方法具有结构化和系统化特点。有些人评价这些训练方法过于结构化，适应性或灵活性就略显不足，但是帕托坚持认为正是训练这些程式化的核心要素，才能为运动员底线和全场型打法打下坚实的基础。与路易斯一样，帕托喜欢对运动员进行系统训练，并坚持较长的时间，不间断重复完成20~100次击球。这样有助于培养运动员的纪律性、耐力和注意力，也为高水平红土场地比赛的艰苦性做好准备。这些训练方法综合使用时，就会达到一种简单的、意想不到的效果。简单的一系列几何学特征的设计、有节奏的训练可以相互叠加和关联，训练运动员在场上不同位置的战术能力。

帕托训练体系的一个特点就是双节奏移动步法，帕托重视对所有运动员训练这种步法。双节奏移动就是侧滑步移动，有助于身体做好击球准备，更早地完成击球，运动员以更宽、更稳定的滑步向前移动进攻和向后撤步做好防守。

帕托更乐于与技术成熟的年长网球运动员合作，但当他专注于运动员技术训练时，他会更关注步法、平衡，以及如何加快挥拍速度。实际上，这些能力也正是西班牙网球运动员技术的特点。

最近，帕托被提名为罗得岛州纽波特网球名人堂的候选人，他理所当然是西班牙最优秀的网球教练员之一，也是世界上非常知名的网球教练员。他为培养顶级职业网球运动员不知疲倦的付出和奉献值得认可。

三、布鲁格拉和阿尔瓦雷斯及其 6 个训练秘诀

布鲁格拉和阿尔瓦雷斯对西班牙网球发展有着深远的影响，对西班牙网球训练体系的形式、理念和方法的构建发挥了重要作用，该训练体系目前被全国成千上万的网球教练员所使用。

然而，两位教练员的训练体系和方法也存在着很多差异，本书主要总结出共性内容，给予其他网球教练员、运动员和家长一些实践性指导。这些内容并不仅仅是其

中一位教练员的信条。这 6 个训练秘诀是对西班牙不同网球训练方法的普遍性和各取所长之后的研究结果。

例如，阿尔瓦雷斯是双节奏移动步法的积极倡导者，并将之作为他技术训练的重要内容。然而，据此就将主要关注点放在双节奏移动步法上并贴上“西班牙网球训练方法”的标签也不妥，因为西班牙还有许多优秀的网球教练员（如布鲁格拉）并没有给予双节奏移动步法过多关注，同样也取得了不凡的成就。

要使西班牙伟大网球教练员训练理念完全达成一致也不太可能，因此本书所总结的 6 个训练秘诀，只是尽力概括共性内容而已。

尽管训练理念存在差异性，但布鲁格拉和阿尔瓦雷斯也一致同意这 6 个训练秘诀对于训练的重要性：

- 步法、移动和平衡。
- 挥拍速度。
- 耐心和稳定性。
- 防守。
- 身体素质。
- 耐受度。

正如本书“秘诀”中所提到的，许多能力可以综合考虑，而不应该单独地割裂开来进行训练。事实上，正如西班牙著名网球教练员导师路易斯·梅代罗（Luis Mediero）所断言的那样，西班牙网球训练方法的一个特点就是简单而全面地训练各方面内容，这就是路易斯和帕托所设计的训练方法备受欢迎的原因。

他们所设计的训练方法通常包括技术、战术、身体、心理方面，以及综合在一起。然而，这些训练方法也具有通用性，可以使网球教练员根据运动员最需要提升的能力而有所侧重。

其他网球教练员、运动员和家长可以自信地将西班牙网球训练这些核心的元素融入自己的训练计划，因为这些训练元素都得到了西班牙两位网球传奇教练员布鲁格拉和阿尔瓦雷斯的认可。

个别西班牙网球教练员也有一些独特的训练方法，不同网球学院和教练员也有一些更为专业的、不同的训练方法，但本书目的是概括其共性部分，以达到总结西班牙网球训练方法的本质。然而，对西班牙网球教练员之间差异性的研究也是一项令人着迷的工作。

第八章
西班牙顶级网球学院

对于计划安排网球运动员赴西班牙训练的人员来说，请认真阅读本章内容。由于文化和语言差异，以及美国和欧洲以外的其他国家与西班牙的空间距离，要在西班牙找到一家符合自己需求的网球学院有一定的挑战性。

对于距离西班牙较近的欧洲国家来说，西班牙是最受欢迎的网球训练基地。来自俄罗斯、英国、法国、比利时、德国等国家的网球运动员可以乘火车去西班牙，犹如美国运动员去佛罗里达一样，通常我将西班牙称为“欧洲的佛罗里达”。目前，土耳其网球协会的运动员会定期在西班牙布鲁格拉网球学院进行全面训练。实际上，路易斯·布鲁格拉也被土耳其网球协会聘为主教练员。

巴塞罗那网球学院（Barcelona Total Tennis，BTT）与美国网球协会建立了合作关系，美国网球协会运动员发展部会派送顶级网球运动员来此训练。英国草地网球协会和澳大利亚网球协会也在西班牙建立了网球训练基地。全世界几乎所有国家的网球协会与西班牙都建立了合作关系，因为他们认识到运动员接受西班牙式网球训练会收获很多。

下面介绍一些西班牙主要的、享有盛誉的网球学院，在此我尽力提供正确信息，但如果想获取最新信息还请您查看学院网站或者给学院邮箱发送邮件。

一、巴塞罗那网球学院

位置：瓦多雷瓦（Valldoreix），巴塞罗那向北 25 分钟车程，距离巴塞罗那国际机场 30 多分钟车程。

网址：www.barcelonatotaltennis.com

简介 / 训练理念：BTT 位于巴塞罗那北瓦多雷瓦小镇，属于瓦多雷瓦俱乐部。俱乐部周围环境安静，城镇风貌完整。大片绿地、安静的环境，使该学院非常适宜训练或观光。

该俱乐部拥有 16 片红土场地和 2 片硬地场地，BTT

仅仅使用位于俱乐部下部的6~10片红土场地和2片硬地场地，因为俱乐部还要接待其他会员。私人网球俱乐部会员在西班牙瓦多雷瓦体育俱乐部有一种特权，但是我参观期间并没有发现势利现象。该俱乐部干净整洁，维护良好，球场和设施状况良好，有一所现代化小健身房。

BTT以它规模小和更关注运动员个人而自豪，每年接待全训运动员20~25名，BTT也在积极寻找准备进入职业巡回赛的高水平ITF网球运动员的加入。

BTT也欢迎不同水平的临时学员加入，7月是一年中最繁忙的时候，一般能接待40人，相对来说接待规模仍然显得比较小。

俱乐部总教练是前西班牙戴维斯杯队长霍尔迪·比拉罗和戴维斯杯助理教练员、纳达尔第二教练员弗朗西斯·罗伊格。许多教练员也具有国际背景，包括前世界前十的网球运动员胡安·阿奎莱拉（Juan Aguilera），可以集体授课。

通常一片球场由一位教练员带1~2名运动员训练。BTT是我所参观过的给予运动员更多个人关注的俱乐部，大多时候你可以在集体授课中享受到私教或半私教式的授课待遇。这种教学训练比安排使所有运动员都会受到

拉法·纳达尔经常跟随教练员弗朗西斯·罗伊格在 BTT 训练

重视，也不会出现排队等待击球的情况。就如 BTT 的格言所说："一名运动员，一个训练方案。"

训练课每天进行，上午、下午，从周一到周五，融合技术、战术和身体训练内容。如果周末没有比赛，网球运动员将在周六上午进行两次训练，周日休息。

幸运的话，你能够遇见拉法·纳达尔、若昂·索萨、安娜·帕夫柳琴科娃或者泰穆拉兹·加巴斯维利（Teimuraz Gabashvili）在此训练，他们与 BTT 建立了管理/训练关系。

设施：16 片红土场地，2 片硬地场地，游泳池，餐厅，有监控的宿舍（往返训练场的摆渡车），健身房，附近酒店。

服务：心理咨询、理疗和按摩，西班牙戴维斯杯队医安格尔·鲁伊斯·克托洛（Angel Ruiz Cotorro）的医疗服务。不建议预约私人课程，但俱乐部也会根据具体需求安排专业教练员接待。

费用：每月2400欧元（仅训练费用），住宿额外收费，并且根据是否有家庭成员或有监控的宿舍而收费不同。

适合运动员类型：每年全训运动员只接受ITF或国家级水平运动员，低水平、年轻网球运动员也可以参加全训或半训，主要在暑假期间。俱乐部会满足高水平网球运动员训练的要求，教练员和运动员的比例一般是1∶1或1∶2，更专注青少年男子网球运动员的培养，青少年女子网球运动员非常少。

二、桑切斯－卡萨尔网球学院

位置：巴塞罗那艾尔帕德洛布里加特（El Prat de Llobregat），距巴塞罗那国际机场不到10分钟车程。

网址：www.sanchez-casal.com

简介/训练理念：桑切斯－卡萨尔网球学院是西班牙最大的、商业化程度最高的学院，类似于佛罗里达的尼克网球学院，但并没有尼克网球学院规模大。

桑切斯－卡萨尔网球学院位置便利，距巴塞罗那国际机场只有10分钟车程，是ATP/WTA巡回赛网球运动员经常选择的临时训练地点。

该学院所有人是桑切斯和卡萨尔，实行会员制，该学院业务很繁忙，尤其是在夏天会显得很拥挤。

该学院位于一个商业区和农业区的主要高速路旁，但不要为这个地区缺少迷人的环境而感到泄气，因为该学院拥有顶级的训练体系和设施。

该学院许多设施都进行了现代化更新，包括一个新的住宿楼/教学楼，一个配备现代化设备的漂亮健身房。一些运动员不喜欢住在训练场地后面的小平房，但房车很干净，保养很好，主要是为临时的/参加夏令营的人员准备的，平房也进行了翻修和升级，以提高运动员住宿的舒适度。

该学院招收所有年龄、水平的网球运动员，甚至还提供成人训练。从初学者到ATP/WTA职业网球运动员都可以在此训练。

该学院的训练理念、教学体系和训练课程是由西班牙网球传奇教练员帕托·阿尔瓦雷斯制定和设计的。该教学体系是一个真正的精品，精心设计、独具特色，所有教练员团队都遵循这一体系，促进教学质量的一致性。帕托曾是塞尔吉奥·卡萨尔和埃米利奥·桑切斯的教练员，他目前仍在学院授课，如果你能够预约到他的课程，那就物超所值了。

该学院的训练体系是典型的西班牙模式，高度结构化，运动员需要进行大量的底线击球训练，做好防守型击球，击球时注意身体姿势、步法和平衡。学院还以中场击球技术和截击训练而知名，会安排大量的双打比赛（塞尔吉奥·卡萨尔和埃米利奥·桑切斯，学院所有者，曾经双打排名世界第一）。

该学院的训练体系通常是每个场地安排 2 名运动员，3 个场地安排 5 名运动员，由 1 位教练员进行指导。例如，2 名网球运动员练习斜线，2 名网球运动员打计分赛，1 名网球运动员跟随教练员训练多球，然后轮换。然而，如果你是在繁忙的 7 月份参加训练，会有所调整。暑期期间，报名人数激增，运动员场地比就会比较糟糕，可能每个场地会安排 4 人以上，高峰期学院每周会接待上百名学员。

该学院每天训练安排与西班牙其他学院类似，3~4 小时击球训练，1~2 小时身体训练。然而，暑期短训学

格里格尔·迪米特洛夫青少年时期在桑切斯－卡萨尔网球学院训练

员不会安排大强度身体训练，因为许多学员都是业余网球运动员。每年的全训运动员一般水平较高，训练强度也很大。如卡萨尔所说："在这儿你要成为一名战士。"

该学院还有优秀的、专业的高中，该学院创建者桑切斯和卡萨尔都认识到运动员的教育水平对他们职业赛场成功的重要性。

卡萨尔是该学院的总教练，他是一位优秀教练员，真诚、友善，会尽力助你获得成功。总的来说，这里是一个非常友好的地方，所有级别的运动员都可以在此获得高质量的西班牙式训练。但请注意不要让自己的运动员在人群中走失，尤其是在比较繁忙的季节。

设施：27片场地（红土、硬地、草地），游泳池，餐厅，现代化的健身房，有监控的宿舍，步行即可到达的太普酒店。

服务：心理咨询，身体训练和按摩，运动医学，私人课程。

费用：每周大概1250欧元，包括住宿费，价格会因折扣和促销政策而有所差异。

适合运动员类型：从初学者到职业运动员，寻求在现代化的设施中体验西班牙传统训练的网球运动员。

三、国际网球中心 / 加泰罗尼亚网球联合会 CIT/FCT（Centre Internacional de Tennis/Federacion Catalana Tennis）

位置：科内拉（Cornellà）。

网址：www.fctennis.cat

简介 / 训练理念：这座美丽、整洁、新颖（只有15年历史）的网球学院位于科内拉中心，往返机场和市区非常方便，是加泰罗尼亚地区优秀网球运动员的理想选择。大片的红土和硬地场地并不在优美的景区内，被高速公路和公路所环绕，但训练安排是一流的。

FCT 和 ITF 为学院提供资助，只为西班牙加泰罗尼亚地区最优秀网球运动员提供训练服务。西班牙顶级国家训练中心位于巴塞罗那北部的圣库加特，被称为 CAR，只招收 10~12 名西班牙顶级网球运动员，所以很多优秀网球运动员并不在该中心训练。然而，CIT/FCT 比较特殊，主要由协会提供资助，也为世界各地的优秀网球运动员提供同样的训练服务。作为欧洲最著名的训练中心之一，它也获得世界的认可。许多来自其他国家的网球运动员来到这里与西班牙优秀青少年网球运动员交流，并接受西班牙式网球训练。

CIT/FCT 也面向社会开放，因此经常会有 ATP/WTA 网球运动员跟随他们的教练员一起在此训练。职业网球运动员如菲·洛佩兹和阿尔伯特·蒙塔内斯，也经常与该中心的青少年网球运动员一起练习，该训练中心的特色是学员有机会与顶尖职业网球运动员一起训练。训练设施现代化、干净整洁，场地完美无瑕。训练以临场指导为主，严肃而认真，所有运动员和教练员训练中就像商业化合作一样自如。整个训练安排也以临场指导为主。如果把布鲁格拉网球学院比作一所历史悠久的学校和一家老式拳击馆，那么这里就是一个充满高科技、现代化、以运动科学为核心的训练中心。

通常每天进行约 3.5 小时击球训练，2 小时以上身体训练。周末根据比赛安排，运动员通常会进行至少半天训练。

训练安排对身体极限挑战很大，一位来自塞尔维亚的顶尖青少年网球运动员告诉我，第一周训练结束之后，他说“训练强度非常大”“简直要累死了”，需要利用周末进行恢复。

设施：27 片红土和硬地场地，有监控的宿舍，现代化健身房，温泉，水疗按摩盆，室内游泳馆，阿曼达餐厅，步行可达的宾馆。

服务：心理咨询，身体训练和按摩，由 MAPFRE 运动医学团队提供的医疗服务。

费用：每月 3000 欧元，包括当地住宿。

适合运动员类型：准备进入职业巡回赛，接受职业训练的拥有国家或国际排名的优秀的、顶级网球运动员。通常，该中心接受 15 岁以上的顶级 ITF 或国家排名的网球运动员。我参观时发现对男子网球训练计划的安排要好于对女子网球运动员的训练安排，为男子网球运动员提供了更多住宿房间。

四、马略卡国际网球学院（Global Tennis Team Mallorca Academy）

位置：马略卡岛，马拉特克西（Marratxi）的萨皮涅拉（Sa Planera）。

网址：www.globaltennisteam.com

简介 / 训练理念：该网球学院由西班牙顶级教练员霍弗雷·波尔塔创建，以培养职业运动员为目标。该学院位于一个舒适、僻静的地区，距离马略卡帕尔玛国际机场约 20 分钟车程。

霍弗雷是一位极具魅力的教练员，他培养了西班牙历史上首位世界第一的网球运动员卡洛斯·莫亚，并且在拉法·纳达尔性格形成的关键期对他进行指导。该学院可以称之为小型学校，“就像一个玩具小屋，不想让运动员成为成长的奴隶”。运动员被分成小组，给予更多的个人关注。

在最近一次参观时，两名意大利男孩（17岁和15岁），一名伦敦女孩（14岁），一位约23岁的斯洛文尼亚教练员陪同他的两名运动员，他们对该学院的评价非常积极，没有其他不好的评论。他们都对霍弗雷的执教能力感到敬畏，霍弗雷上午和下午都会参加训练，运动员也可以和他预约私人课程。

据了解，该学院有西班牙 16 岁及以下顶尖青少年男子网球运动员，许多俄罗斯运动员常年在此训练，还有一些西班牙本土网球运动员。该学院的训练安排与其他学院有些不同，他们将不同水平网球运动员组合在一起训练，安排同样的训练内容。典型的训练安排是在其中 1 个球场进行 20 分钟训练，然后轮换到下一个球场。例如，一个球场主要训练稳定性，另一个球场主要训练防守击球或进攻击球。

设施：5 片红土场地，有客厅的小型公寓，餐厅，健身房。

服务：身体训练，按摩，心理咨询，可以和霍弗雷及其他教练员预约私人课程，还提供运动医学服务。

费用：直接联系学院。

适合运动员类型：能够接受在位置偏远的地方专心训练的运动员。

五、布鲁格拉网球学院

位 置： 圣科洛马－德塞韦洛（Santa Coloma de

Cervelló），位于巴塞罗那西郊的丘陵地带，距巴塞罗那国际机场 15~20 分钟车程，乘火车 20~25 分钟可到达巴塞罗那市中心。

网址：www.brugueratennis.com

简介/训练理念：布鲁格拉网球学院是西班牙最古老、最成功的网球学院之一，由塞尔吉·布鲁格拉与他的父亲兼教练员路易斯·布鲁格拉于 1986 年创建。

该学院坐落在迷人、不太起眼的小山城圣科洛马–德塞韦洛，可以看到地中海，俯瞰巴塞罗那。该学院可能是全世界为数不多的百分之百致力于青少年训练的学院之一，不提供任何成人训练计划，学院也没有成人运动员。这源于路易斯·布鲁格拉对培养青少年网球运动员的一种愿景和热情，学院及其设施仅对青少年开放。

学院拥有高品质的红土场地和硬地场地，这些硬地场地都是多层铺设，视觉效果很好。配套设施有些老化，但很快就会升级改造和更新，所以目前不要期待豪华的住宿环境。一些运动员说，该学院让他们回忆起了老式学校的一些场景，如痰桶和装锯末的拳击袋，我觉得这个比喻很贴切。学院的空间、宿舍、更衣室和健身房都是极简主义，需要更新。虽然学院缺乏奢华和现代感的设施，但是学院在努力传递正能量和提供友好的氛围进行弥补。在我访问过的巴塞罗那地区所有的网球学院中，该学院是性价比最佳的。

路易斯·布鲁格拉是学院的技术训练大师，也是球场上充满激情的领导者。学院日常运营由他的家人泽维尔·托纳负责，托纳会倾尽全力让你在此过得愉快。费尔南多·卢纳是路易斯·布鲁格拉的运动员，前 ATP 30 位网球运动员，领导整个教练员团队。在该学院，教练员和工作人员似乎已经掌握了热情、友好的交流艺术，这让所有在此的教练员、运动员和家长都过得非常愉快。

路易斯提倡多鼓励和少批评的教学风格。学院工作团队经验丰富，多数人在此已经工作了十多年时间，工作中积极传递正能量，以正面评价为主。这种积极的执教风格可能正是该学院备受需要鼓励的年轻网球运动员欢迎的原因。学院作为一个实体，有很多长期固定的员工，他们似乎真的把运动员当成了家庭一员，就像老朋友回家一样。

路易斯及其工作人员所创建的这种训练体系，已经成功培养了超过 15 位职业巡回赛排名前 100 位的网球运动员。该学院的训练理念和体系由路易斯在 20 世纪 80

年代所创建，也推动了西班牙网球革命性发展。该体系也有了一些发展，但许多训练方法沿用至今。与其他西班牙网球学院安排一样，教练员上午一般会安排底线技术和其他技术训练，采用手抛球，下午安排一些比赛。

该学院一般每天训练安排是上午 3 小时 15 分钟网球训练，下午 2 小时 45 分钟身体训练。路易斯认为运动员每次训练注意力集中不会超过 3 小时，训练质量比数量更重要。

萨尔瓦多·索萨是一位传奇训练师，主要负责团队的身体素质和体能训练，曾陪伴和训练过许多顶尖 ATP 网球运动员，比如伊万·柳比西奇和艾利克斯·克雷特加。与西班牙其他网球学院一样，该学院也提供暑期训练营，对于这些以短期的、业余训练为主的运动员来说，就不太注重体能训练安排。

身体训练主要包括跑步、拉伸、健身房锻炼。每周安排 1~2 次，运动员需要在陡峭的山路上跑步到山顶，也就是学院所在地，这是一个非常好的锻炼耐力和耐受度的方法。

学院学员包括刚刚参加巡回赛的 9~10 岁的网球运动员，一直到高水平 ITF 网球运动员和职业网球运动员。

在我最后一次来学院参观期间，一个优秀的西班牙 10 岁网球运动员就和 ATP 排名前 300 位的运动员在相邻的场地训练。

在繁忙的暑假期间，学院通常需要接待 100 多名运动员，7 月份甚至还需要租用附近的球场来安排额外的训练。布鲁格拉认为，对于年龄大一些的网球运动员，每个场地要按照 2~3 名网球运动员的比例安排；而对于比较年轻的网球运动员，在繁忙时期，每个场地安排 4 名网球运动员同时训练。

在上学期间，全训运动员大概有 45 名，30 名课后走训运动员，场上和场下训练安排都比较紧凑。该学院的网球运动员训练非常努力，比赛也非常尽力，达到了一个最佳的、健康的平衡。该学院有一种令人鼓舞的氛围，每个运动员训练都很尽力，训练之后会跳到游泳池进行放松，晚饭之前打打比赛。

设施：16 片球场，7 片红土场地，9 片硬地场地，游泳池，有监控的宿舍，健身房，餐厅 / 咖啡厅，附近的宾馆。

服务：心理训练，身体训练和按摩，西班牙戴维斯杯的理疗师为大家提供医疗服务。不提供私人课程（每个训练小组人数很少，在常规训练中其他运动员也会为运动员提供帮助，路易斯认为这种常规训练效果就很好，大多数网球运动员不需要安排私人训练课程）。提供当地入学和教师服务。

费用：每周大约 850 欧元。

适合运动员类型：适合所有水平的网球运动员。布鲁格拉网球学院友好的执教方式对年轻网球运动员具有积极的效果，同时他们也有培养西班牙及其他顶级网球运动员的经验，但不要期望迷人的训练设施和豪华的住宿环境。

六、何塞普·阿里纳斯网球学院（PRO-AB）

位置：巴塞罗那市中心，从巴塞罗那国际机场到市中心开车 15 分钟。

网址：www.proabtennis.com

简介 / 训练理念：PRO-AB 是一所相对新的学院，大约 10 年历史，位于巴塞罗那市区。依托于 Espiritu Hispano Frances 体育俱乐部而建设，设施陈旧，主要服务于城市周边的中产阶级。该俱乐部有一个儿童游泳池和老年活动区。网球场地状况很好，使用 11 片红土场地中的 7 片，以及附近的硬地场地进行训练，与两个健身房合作，其中一家是距离该俱乐部 10 分钟车程的高科技健身房。

卡拉·苏亚雷斯·纳瓦罗是西班牙优秀女子网球运动员，她在何塞普·阿里纳斯以及其他教练员的指导下训练。何塞普经验丰富，主要训练西班牙本地区网球运动员，即寻求在 ITF 巡回赛取得进步的网球运动员。

该学院训练主要使用西班牙语，何塞普认为他比大多数其他西班牙网球教练员更擅长技术指导。

俱乐部约有 20 名全训网球运动员，以参加比赛作为主要目标。俱乐部还在寻找其他以参加 ITF 和职业比赛为目标的运动员加入俱乐部全训队伍。因而，何塞普告诉我，他们也欢迎非西班牙籍运动员加入。

据阿里纳斯说，PRO-AB 的成功和训练体系关键在这种家庭式训练氛围，大家彼此非常熟悉，不会有网球运动员随便溜走。这里并不像一个流水线式的商业工厂，只有红土场地上纯正的西班牙式训练，运动员每天接受 3~3.5 小时场上击球训练和最少 1.5 小时身体训练。

设施：7 片红土场地，游泳池，没有监控的宿舍（也可以选择寄宿制家庭），附近的健身房，餐厅 / 咖啡馆，附近酒店，当地入学（大多数运动员都是当地人）。

服务：心理训练，身体理疗，按摩，运动医学服务。

费用：发送电子邮件至 info@probatennis.com 咨询。

适合运动员类型：适合真正的、高水平 ITF 网球运动员和具有国家排名的运动员，想体验小规模、温馨的纯西班牙式训练的网球运动员。

七、潘乔·阿尔瓦里尼奥和何塞·阿尔图尔网球学院（TennisVal）

位置：位于瓦伦西亚市郊，到瓦伦西亚国际机场大概 20 分钟车程。

网址：www.tennisval.com

简介/训练理念：TennisVal坐落于瓦伦西亚橙色的田野里，建立在一家私人俱乐部里面。该学院租用12片红土场地和2片硬地场地，并与俱乐部会员分享设施。俱乐部和球场状况良好，但是有些设施已经老化。这是一所风格朴实的学院，就像布鲁格拉网球学院和PRO-AB一样，你来这里不是为了体验昂贵的设施，而是在经验丰富的职业教练员指导下，接受西班牙式艰苦训练。

在此训练非常划算，因为俱乐部拥有者和主教练是前 ATP 100 位网球运动员何塞·阿尔图尔，现在他是高级教练员，而潘乔·阿尔瓦里尼奥也是巨星级教练员。两位教练员负责指导迪娜拉·萨芬娜、马拉特·萨芬和伊戈尔·安德列夫青少年时期的训练，以及其他西班牙职业网球运动员训练。何塞更擅长青少年男子网球运动员训练，而潘乔则更擅长指导青少年女子网球运动员。

许多俄罗斯网球运动员和国外其他网球运动员追随萨芬、安德列夫和萨芬娜的脚步，来到 TennisVal，尤其是青少年女子网球运动员。

设施：12 片红土场地，2 片硬地场地。

服务：心理指导，身体训练和按摩，运动医学服务，入学和在线学习。

费用：发送电子邮件至 info@tennisval.com 咨询。

适合运动员类型：希望接受何塞·阿尔图尔和潘乔·阿尔瓦里尼奥训练的所有年龄段的青少年网球运动员，正是他们培养了超级巨星马拉特·萨芬和迪娜拉·萨芬娜。

八、费雷罗网球学院

位置：比列纳（Villena）附近，距离最近的大城市和机场是阿利坎特（Alicante）（30 分钟车程），或距瓦伦西亚 1 个多小时车程。

网站：www.equelite.com

简介 / 训练理念：依托胡安·卡洛斯·费雷罗的私人庄园而修建。该学院环境优美，配备现代化设施，只有非常认真的运动员才可以申请年度训练计划。交通不太方便，从最近的瓦伦西亚国际机场到网球学院需要 1 个多小时，学院位于农场中央，周围荒无人烟。到达私人入口处，前面写着 JC 字母，进门后，你就会对现代化的、令人印象深刻的训练设施而着迷，紧挨着费雷罗的私人住宅。

设施：10 片红土场地，7 片硬地场地，1 片室内球场，现代化的健身房，餐厅，有监控的宿舍，高尔夫球场。

服务：心理、医学、理疗、按摩，在线教育，费雷罗豪华酒店还可以提供额外选项，有监控的宿舍，私人课程。

费用：发送电子邮件至 tennis@equelite.com 咨询。

适合运动员类型：参加巡回赛的青少年网球运动员；能够接受远距离，不会因为严格的要求而厌倦、烦恼的网球运动员。

我真诚地希望本章内容能帮助教练员、运动员、家长了解并找到符合自己需要的西班牙最好的网球学院。这些学院是不断发展的，所以请务必上网查看最新信息，因为本书提供的有些材料可能缺乏时效性。

如果对某个网球学院的优劣势还有疑问，可以直接给我发送邮件至 chris@chrislewit.com。

有很多教练员和家长与我联系，希望我帮助他们在西班牙找到适合的网球学院，我非常乐意和大家分享我的知识。

我很高兴能收到家长的邮件，邮件中写道，他们的儿子或女儿访问西班牙和其中一所世界级网球学院是一种非常有益的、积极的网球与文化的体验。

结　论

西班牙网球能否在未来十年或更长时间内保持世界霸主地位？

我在西班牙多年旅行中，称西班牙网球的 6 个核心板块为“秘诀”，是西班牙网球教练员成功执教的关键。我真诚地希望读者喜欢这本书，本书对西班牙网球训练方法、历史与著名教练员和网球学院进行了详尽的介绍。

之所以写这本书，是因为我认可西班牙网球训练体系的效果和影响力，所有未去过西班牙或者想学习西班牙网球训练体系的教练员、运动员和家长，可以从本书所总结的训练理念和方法中获益。

在过去的二三十年，西班牙网球在很多方面都经历了变革，不可思议地崛起并成为世界霸主。西班牙网球训练方法和理念是否能够经得起时间考验还有待观察。

我们看到网球教练员执教理念和训练模式已经开始变革，目前西班牙硬地场地随处可见，越来越多的教练员重视进攻网球，而不太重视防守网球的移动。我确信西班牙网球会继续发展，新一代网球教练员会站在帕托和路易斯以及其他传奇教练员的肩膀上，再次融合他们的集体智慧，使这个体系得到进一步发展。

在接下来的十年，西班牙网球训练方法该如何演变？他们是否还能够继续保持世界领先？时间会告诉我们答案。

现在，我希望您已经了解西班牙现代网球的秘诀，并能应用到这些训练方法，祝你们好运，同时不要忘记耐受度训练！

相关网址和书籍

www.rfet.es ⟶西班牙网球协会

www.rptenis.org ⟶西班牙顶级教学组织

www.bruguerato pteam.com ⟶布鲁格拉网球学院

www.sanchez-casal.com ⟶桑切斯-卡萨尔网球学院

www.equelite.com ⟶费雷罗网球学院

www.barcelonatotaltennis.com ⟶巴塞罗那网球学院

www.proabtennis.com ⟶何塞普·阿里纳斯网球学院

www.tennisval.com ⟶潘乔·阿尔瓦里尼奥和何塞·阿尔图尔网球学院

www.fctennis.cat/cit ⟶巴塞罗那国际网球中心

www.globaltennisteam.com ⟶马略卡国际网球学院

www.usta.com/About-USTA/Player-Development ⟶美国网球协会运动员发展部网址，可以查阅西班牙训练的相关资料，因为何塞·伊格拉斯受西班牙的影响设计了美国国家网球训练计划。

www.uspta.org ⟶ USPTA 可以查阅到许多西班牙网球训练的视频和资料，由埃米利奥·桑切斯和路易斯·梅迪罗讲解。

1《最伟大的网球比赛》
The Greatest Tennis Matches of All Time

作者：斯蒂夫·弗林克（Steve Flink）

简介：该书作者及网球史学家斯蒂夫·弗林克对网球历史上伟大的网球比赛进行了记述和排序。许多运动员在该书中都有出现，如罗杰·费德勒、比利·简·金、拉法·纳达尔、比约·博格、约翰·麦肯罗、玛蒂娜·纳芙拉蒂洛娃、罗德·拉沃尔、唐·布吉、克里斯·埃夫特。该书对比赛进行了分类、分析，并把比赛放入历史背景下进行分析。

2《巴德·柯林斯讲述网球历史》
The Bud Collins History of Tennis

作者：巴德·柯林斯（Bud Collins）

简介：该书由世界知名的网球记者和史学家编写，对网球历史进行了全面整理，按年度记录每个赛季的重点事件，以及每名重要网球运动员的传记、主要赛事的统计数据等。

3《网球运动员的教育》*The Education of a Tennis Player*

作者：罗德·拉沃尔（Rod Laver）
巴德·柯林斯（Bud Collins）

简介：该书描述了一位世界级网球运动员的里程碑式的成就，罗德·拉沃尔在1969年历史性地横扫四大满贯。这本回忆录详细记录了拉沃尔的童年、早期网球生涯，以及参加的一些重要比赛。每个章节还包含网球指南的内容，为所有水平网球运动员提高技术、战术提供建议。为纪念拉沃尔在40年前取得的卓越成绩，该书进行了全面修订，补充了一些全新的内容，包含拉沃尔在1998年从一次致命的中风中勇敢恢复的故事。

4《泰坦尼克号：网球历史》 *TITANIC：The Tennis Story*

作者：琳赛·吉布斯（Lindsay Gibbs）

简介：这部小说讲述了迪克·威廉姆斯和卡尔·贝尔交织的生活，他们不仅是泰坦尼克号沉船事件幸存者，而且还进入了网球名人堂。这两人在登上这艘船之前相互并不认识，两年后，他们在美国网球公开赛四分之一决赛相遇。迪克腼腆而瘦削，当时正准备到美国开始网球职业生涯。卡尔则是一位精力充沛的网球老将，他在追求他一生的挚爱海伦。这两人在此次沉船事件中幸免于难，并且同乘卡尔巴纤号救生船。但是，当他们抵达美国海岸时，两人都尽其所能远离灾难。作为一部情感丰富、感人肺腑的作品，这部小说以文字形式将非凡的体育故事带到了生活中。这部真实故事的结局好似出自好莱坞的电影剧本——交织了爱情、悲剧、历史、体育和毅力的主题。

致　谢

经过七年的采访、研究和整理，我怀着激动的心情将本书呈现给所有对西班牙网球训练模式感兴趣的教练员、运动员和家长。我要对西班牙网球教练员表示感谢，他们挤出了大量的时间接受我的采访。

我要特别感谢教练员路易斯·布鲁格拉，他不仅在场下多次接受我的采访，还在场上向我详细介绍他的训练理念和方法。同时，我还要感谢帕托·阿尔瓦雷斯，他不仅详细回答了我提出的问题，而且允许我在场边观摩他的训练课，这对我来说是一次奇妙的学习经历。

感谢米格尔·克雷斯波（Miguel Crespo），他向我介绍了自己对西班牙网球成功的独到见解，并在本书写作过程中给予了我帮助。

感谢本书所提到的优秀网球学院的领导和员工，他们向我介绍学院的运行模式，允许我参观并回答我提出的各种各样的问题。

许多西班牙网球教练员都非常热情且乐于分享他们的知识和经验，以及对训练体系的解读，这一切都有助于西班牙网球达到国际顶尖水平。

无论如何，西班牙网球训练方法的影响力已经超过了开拓者和预言家的期望。

克里斯·卢伊特